그리스도 안에서
나는 누구인가?

WHO AM I? : IDENTITY IN CHRIST

제리 브리지스 지음 | 전의우 옮김

생명의말씀사

Who Am I?
by Jerry Bridges

Copyright © 2012 by Jerry Bridges
Originally published in English under the title Who Am I?
By Cruciform Press, Minneapolis, MN, USA.

This Korean edition is translated and used by permission of Cruciform Press,
Minneapolis, MN, USA
through rMaeng2, Seoul, Republic of Korea.

This Korean Edition Copyright © 2023 by Word of Life Press, Seoul, Republic of Korea.
All rights reserved.

이 한국어판의 저작권은 알맹2를 통하여 Cruciform Press와 독점 계약한 생명의말씀사에 있습니다.
신저작권법에 의하여 한국 내에서 보호받는 저작물이므로 무단 전재와 무단 복제를 금합니다.

그리스도 안에서
나는 누구인가?

ⓒ 생명의말씀사 2023

2023년 12월 20일 1판 1쇄 발행

펴낸이 | 김창영
펴낸곳 | 생명의말씀사

등록 | 1962. 1. 10. No.300-1962-1
주소 | 서울시 종로구 경희궁1길 6 (03176)
전화 | 02)738-6555(본사) · 02)3159-7979(영업)
팩스 | 02)739-3824(본사) · 080-022-8585(영업)

기획편집 | 태현주, 최은용
디자인 | 조현진
인쇄 | 영진문원
제본 | 다온바인텍

ISBN 978-89-04-16857-6 (03230)

저작권자의 허락 없이 이 책의 일부 또는 전체를
무단 복제, 전재, 발췌하면 저작권법에 의해 처벌을 받습니다.

그리스도 안에서
나는 누구인가?

역경 앞에서 아름다운 인내로
나에게 끊임없는 도전을 주었던 던(Don)에게

제리 브리지스(Jerry Bridges)

추천의 글

제리 브리지스는 영적으로 단순하면서도 깊이 소통하는 은사가 있으며, 이 책에서 그리스도인이 그리스도 안에서 갖는 진정한 정체성을 성경을 토대로 풀어내면서 이러한 은사를 한껏 발휘한다.

J. I. 패커(J. I. Packer, 1926-2020)
『ESV 스터디 바이블』(*ESV Study Bible*) 신학 편집자, 리젠트 칼리지 은퇴 교수,
『하나님을 아는 지식』(*Knowing God*), 『경건을 향한 추구』(*A Quest for Godliness*),
『콘사이스 신학』(*Concise Theology*) 등의 저자

내가 알기로, 제리 브리지스는 『그리스도 안에서 나는 누구인가?』라는 책을 쓰기에 누구보다 적합하고 잘 준비된 저자다. 그는 자신이 그리스도 안에서 누구인지 알기에 우리가 누구여야 하는지 간결하고 분명하게 알도록 돕는다. 이 책에 담아낸 지혜와 통찰로 교회에 선물을 또 하나 안겨 줘서 고맙다.

R. C. 스프로울(R. C. Sproul, 1939-2017)
리고니어 미니스트리즈 설립자 겸 회장, 잡지 '테이블토크'(*Tabletalk*) 주필,
『개혁주의 스터디 바이블』(*The Reformation Study Bible*) 편집장,
『하나님의 거룩하심』(*The Holiness of God*)을 비롯한 70여 권의 저자

『그리스도 안에서 나는 누구인가?』는 우리 시대의 더없이 절박한 문제에 성경의 복음 언어로 명확하게 답한다. 이 얇은 책은 예수님 안에서 믿음을 통해 하나님이 우리를 어떻게 빚으셨는지를 초신자에게 가르칠 뿐 아니라 우리 모두에게 일깨우는 훌륭한 자료다. 따뜻하고 명쾌하며 균형 잡힌 성경적 가르침을 늘 제시해 이 시대 그리스도인들에게 크게 사랑받는 제리 브리지스를 우리에게 주신 주님께 감사드린다.

리처드 D. 필립스(Richard D. Phillips)
사우스캐롤라이나주 그린빌 소재 제2장로교회 담임목사,
필라델피아 개혁주의 신학 협의회 대표, 고백적 복음주의 연합 부회장,
『전도자 예수』(Jesus the Evangelist),
『남자의 소명』(The Masculine Mandate) 등의 저자

차례

추천의 글 J. I. 패커, R. C. 스프로울, 리처드 D. 필립스　6
들어가는 글　당신은 누구인가?　10

1. 나는 피조물이다　14
전적으로 의존한다 ｜ 도덕적으로 책임이 있다 ｜ 적용

2. 나는 그리스도 안에 있다　30
우리의 대표자 아담 ｜ 우리의 대표자 그리스도 ｜ 살아 있는 연합

3. 나는 의롭게 되었다　48
의롭게 되었다는 것은 무엇인가? ｜ 어떻게 의롭게 되는가? ｜ 어떻게 칭의가 주관적 현실이 되는가?

4. 나는 하나님의 양자다　70
유산(기업) ｜ 아빠 아버지

5. 나는 새로운 피조물이다   88
새 마음, 새 영 | 새로운 정체성, 새로운 관계 | 새로운 삶의 길 | 우리가 실패할 때 | 자신을 시험하라 | 특권과 책임

6. 나는 성도다   108
그리스도의 소유 | 성령의 일 | 점진적 성화 | 성도의 삶을 사는 동기

7. 나는 그리스도의 종이다   124
종이다 | 부르심을 받았다 | 택정함을 입었다

8. 나는 아직 완전하지 않다   142
끝나지 않은 삶의 긴장 | 품에 안긴 죄인들 | 은혜가 성과를 이긴다 | 결론

들어가는 글

당신은 누구인가?

- 어느 만찬에서 나의 왼쪽에 앉은 남자가 자신을 가리켜 목수라고 했다. 목수는 그의 직업이다. 그러나 이것이 그가 누구인지를 정의하지는 않는다.
- 결혼 생활이 파탄에 이른 한 여성이 친구에게 "난 실패자일 뿐이야!"라고 했다. 비록 그 여성이 결혼 생활에 실패했더라도 이것이 그 여성이 누구인지를 정의하지는 않는다.
- 나는 비교적 가난하게 자랐다. 지금까지 "나는 누구인가?"라는 질문에 내가 제시한 기본 대답은 이것이다. "나는 기찻길 옆 허름한 동네에서 자란 소년이다." 그러나 이것이 내가 누구인지를 정의하지는 않는다.

세 답변에서 "나는 누구인가?"라는 물음에 주관적인 경험으로 답하는 일반적인 경향이 나타난다. 많은 사람이 "나는 누구인가?"라는 물음에 직업으로 답한다. 어떤 사람들은 특히 자신을 형성한 경험이나 감성적인 경험에 초점을 맞춘다.

나는 네비게이토 선교회에서 대학생 사역을 하면서 주로 스태프 양성에 초점을 맞춘다. 그러나 학생들이 처한 환경을 아주 친숙하게 알고 있다.

많은 학생이 힘든 가정 환경에서 대학에 들어오거나 고등학생 시절에 가졌던 죄악된 생활 방식을 고스란히 가지고 대학에 온다는 것을 안다. 그래서 많은 청년의 자아상이 낮거나 심지어 부정적이다. 솔직히 이들은 "나는 누구인가?"라는 물음에 부정적이거나 죄악된 경험을 토대로 답할 것이다.

그러나 우리는 그리스도인으로서의 정체성을 주관적이고 부정적인 삶의 경험에서 찾지 말고 우리와 그리스도의 관계에서 찾아야 한다. 그래서 대학생 사역을 할 때도 이들이 그리스도 안에서 자신의 위치(position)와 정체성(identity)을 깨달아 "나는 누구인가?"라는 물음에 '그리스도 안에' 있다는 것의 의미를 토대로 답하게 도우려고 한다.

"그리스도 안에서 나는 누구인가?"라는 물음에 짧고 단순한 대답은 없다. 이 위치에는 특권뿐 아니라 책임도 따른다. 이 위치는 우리와 관련된 엄청나고 놀라운 진리를 포함할 뿐 아니라 진리이자 정신이 번쩍 드는 사실을 마주하게 한다.

  이 책에서는 "나는 누구인가?"라는 물음에 대한 여덟 가지 대답을 살펴보겠다. 이 대답을 통해 그리스도 안에 있다는 것의 의미를 볼 수 있는 균형 잡힌 성경적 시각을 갖게 되길 기도한다.

"나는 누구인가?"
이 물음에 답할 때, 우리는 자신에 관한
더없이 기본적인 진리에서 출발해야 한다.
그 진리란 우리가 창조된 존재라는 것이다.
"하나님이 자기 형상 곧 하나님의 형상대로
사람을 창조하시되 남자와 여자를 창조하시고"(창 1:27).
우리는 하나님의 형상으로 창조되었기에
여느 동물과는 완전히 차원이 다르지만, 여전히 피조물이다.
따라서 우리는 하나님께 의존할 뿐 아니라 하나님께 대한 책임이 있다.

1
나는 피조물이다

"나는 누구인가?"

이 물음에 답할 때, 우리는 자신에 관한 더없이 기본적인 진리에서 출발해야 한다. 그 진리란 우리가 창조된 존재라는 것이다.

> 하나님이 자기 형상 곧 하나님의 형상대로 사람을 창조하시되 남자와 여자를 창조하시고(창 1:27).

우리는 하나님의 형상으로 창조되었기에 여느 동물과는 완전히 차원이 다르지만, 여전히 피조물이다. 따라서 우리는 하나님께 의존할 뿐 아니라 하나님께 대한 책임이 있다.

전적으로 의존한다

모든 피조물에게 더없이 기본적인 진리는 하나님께 의존한다는 것이다. 시편 145편 15-16절은 이렇게 말한다. "모든 사람의 눈이 주를 앙망하오니 주는 때를 따라 그들에게 먹을 것을 주시며 손을 펴사 모든 생물의 소원을 만족하게 하시나이다." 이 구절은 일차적으로 동물을 가리키지만, 의존의 원리는 인간에게도 적용된다.

양식. 대부분의 측면에서 우리는 동물과 마찬가지로 의존한다. 그러나 적어도 한 가지 의미심장한 차이가 있다. 하나님은 우리 인간에게 경작하여, 곧 일을 해서 먹을 양식의 많은 부분을 생산하라고 명하셨다(창 2:15).

일이라는 바로 이 부분에서 우리는 하나님으로부터 독립하려는 마음을 키울 수 있다. 우리는 물질적 필요가 순전히 자신의 부지런한 노동, 혹은 현대 사회에서 그것과 맞먹는 사업 수완을 통해 채워지리라고 생각하기 시작한다. 이러한 노동과 사업 수완이 양식을 구매할 수단을 우리에게 제공하기 때문이다. 하나님은 이스라엘 민족에게 이러한 위험을 구체적으로 경고하셨다.

> 그러나 네가 마음에 이르기를 내 능력과 내 손의 힘으로 내가 이 재물을 얻었다 말할 것이라 네 하나님 여호와를 기억하라 그가 네게

재물 얻을 능력을 주셨음이라 이같이 하심은 네 조상들에게 맹세하신 언약을 오늘과 같이 이루려 하심이니라(신 8:17-18).

생명과 호흡. 우리에게는 양식보다 더 기본적으로 필요한 게 있다. 다시 말해, 우리는 우리의 생명 자체를, 우리의 호흡까지도 하나님께 의존한다. 사도행전 17장 25절은 이렇게 말한다. "(하나님은) 또 무엇이 부족한 것처럼 사람의 손으로 섬김을 받으시는 것이 아니니 이는 만민에게 생명과 호흡과 만물을 친히 주시는 이심이라." 우리의 모든 호흡, 우리의 모든 날은 하나님의 선물이다. 다윗이 말했듯이, 나의 앞날이 주님의 손에 있다(시 31:15).

계획. 우리는 자신이 세운 계획의 실행도 하나님께 의존한다. 누구나 계획을 세운다. 사실, 계획이 없으면 삶이 아주 혼란스러울 것이다. 우리는 대개 이 계획을 자신이 실행하리라고 생각한다. 그러나 야고보는 그렇지 않다고 했다.

들으라 너희 중에 말하기를 오늘이나 내일이나 우리가 어떤 도시에 가서 거기서 일 년을 머물며 장사하여 이익을 보리라 하는 자들아 내일 일을 너희가 알지 못하는도다 너희 생명이 무엇이냐 너희는 잠깐 보이다가 없어지는 안개니라 너희가 도리어 말하기를 주의 뜻이면 우리가 살기도 하고 이것이나 저것을 하리라 할 것이거늘(약 4:13-15).

야고보는 계획, 심지어 사업상 이익을 보려고 계획을 세우는 것을 책망하지는 않는다. 그가 책망하는 것은 주제넘은 계획, 곧 하나님의 주권적 의지와 무관하게 우리의 계획을 실행할 수 있으리라는 태도다.

2011년 여름, 나는 미주리주 브랜슨에서 열리는 대학생 하계 훈련 프로그램에서 가르치기로 되어 있었다. 계획을 세웠고 티켓도 팔았다. 아내는 그 근처에 사는 사촌과 식사 일정까지 잡았다. 그러나 나는 갑자기 심장에 문제가 생겨서 브랜슨에 가지 못하고 지역 병원에서 며칠을 지냈다.

이러한 나의 경험은 특별한 게 아니다. 우리 대부분은 커다란 계획을 세웠다가 자신을 향한 하나님의 계획에 그 계획이 덮여 버리는 경험을 하곤 한다. 중요한 휴가를 떠나든 길모퉁이 식료품점에 가든, 우리는 삶의 세세한 부분을 모두 하나님께 의존한다.

능력. 우리는 우리의 능력과 영적 은사와 달란트를 하나님께 의존한다. 사도 바울은 고린도전서 4장 7절에서 이렇게 말한다. "네게 있는 것 중에 받지 아니한 것이 무엇이냐 네가 받았은즉 어찌하여 받지 아니한 것같이 자랑하느냐."

나는 이렇게 자수성가한 사람들, 곧 "내 힘으로 일어섰다."라고 말하는 사람들을 이따금 만난다. 이들은 자신이 어떻게 맨주먹으로 시작해서 마침내 성공했는지 구구절절 늘어놓길 좋아한다. 이 책을 읽는 사람 중에도 더러는 이런 경험이 있을 것이다. 그러나 왜 하나님이 당신의 계획에 복을 주셨으며, 왜 하나님이 당신의 노력에 복을 주셨는가? 당신이 가진 것 중에 하나님께 받지 않은 것이 무엇인가? 정신적 능력이든 사업 능력이든, 순수 예술 분야의 능력이든 운동 능력이든, 그 무슨 능력이든 간에, 모든 능력은 하나님의 선물이다. 우리는 전적으로 하나님께 의존한다.

그러나 분명하게도, 우리가 살아가는 더 넓은 문화는 우리가 모든 것을 하나님께 의존한다는 사실을 알지 못한다. 우리의 문화는 이런 생각을 대놓고 거부하기 일쑤다. 이 문화의 영향력이 우리 그리스도인의 사고에 파고들어 이를 피하기란 거의 불가능하다. 그렇기에 우리는 삶의 모든 부분에서 전적으로 하나님께 의존한다는 사실을 잊을 위험이 있다.

우리가 하나님께 의존한다는 사실을 좀 더 구체적으로 설명하자면 다음과 같다. 우리의 의존성은 두 부류로 나눌 수 있는데, 우리는 육체적으로 허약하고, 영적으로 취약하다.

육체적으로 허약하다

의존하는 피조물로서, 우리는 육체적으로 허약하다. 다시 말해, 사고나 질병을 비롯해 온갖 위험에 쉽게 노출된다. 나의 첫 번째 아내는 지금 하나님 곁에 있는데, 우리 곁에 있을 때 아주 건강했다. 좀처럼 감기에 걸리지 않았고 독감이라곤 모르고 살았다. 출산할 때 외에는 병원에 입원한 적이 없다. 그러던 어느 날 검진을 받았다. 의례적인 검진이겠거니 했다. 그러나 그날이 채 가기도 전에 암이라는 진단을 받았고 17개월 후에 세상을 떠났다. 우리는 육체적으로 허약하다. 오늘 제아무리 건강해 보이더라도 내일 어떻게 되는지 아무도 모른다.

아프리카에서 선교하던 친구가 62세라는 이른 나이에 죽었다. 의사들이 다소 갑작스럽고 때 이른 죽음의 원인을 밝히려고 부검했다. 부검 결과, 그 친구는 오랫동안 아프리카에서 봉사하면서 여러 세균과 바이러스와 기생충에 감염되었던 것으로 드러났다.

또 다른 친구는 이른 아침에 운동 삼아 자전거를 타고 가다가 도로 연석에 부딪혀 핸들 너머로 튕겨 나갔고 콘크리트 바닥에 머리를 부딪혀 거의 모든 얼굴뼈가 부러졌다. 우리는 매우 허약하다.

잠언 27장 1절은 하루 동안에 무슨 일이 일어날지 모른다고 말한다. 한 시간 후에 무슨 일이 일어날지조차 알지 못한다. 갑자기 병에 걸리거나 삶이 송두리째 망가지는 사고를 당한 친구나 친척의 이야기는 우리 주변에 얼마든지 있다.

그러므로 우리는 우리 자신이 실제로 얼마나 허약한지 깨달아야 하며, 이로써 우리가 전적으로 하나님께 의존한다는 것을 알아야 한다.

영적으로 취약하다

의존하는 피조물로서, 우리는 또한 영적으로 취약하다. 우리에게는 세 가지 적이 있다. 세상, 마귀, 그리고 우리 자신의 죄악된 육신이다.

세상, 곧 하나님을 대적하는 인류 전체가 끊임없이 우리를 자신의 기준과 가치관에 맞추려 든다. 또 마귀는 광명의 천사로 가장하고 우리에게 다가와(고후 11:14) 우리 마음에 하나님의 사랑과 성실하심을 의심하는 씨를 뿌리려 한다. 게다가 가장 안 좋은 것은, 우리 안에 거하시는 성령께 끊임없이 맞서려는 죄악된 육신이 우리에게 있다는 것이다.

첩보 활동 분야에서 흔히 '두더지'라고 불리는 사람이 있다. 전형적으로 이 사람은 정부의 민감한 영역에서 내부자로 일하며 겉보기에는 틀림없이 팀원이지만 사실상 적국의 눈과 귀 노릇을 한다. 그는 실제로 반역자다. 영락없이 한 정부를 위해 일하는 것처럼 보여도 사실상 적국을 위해 일하는 자다.

숱한 면에서, 우리의 죄악된 육신은 두더지처럼 행동한다. 우리의 육신은 세상의 유혹과 마귀의 꾐에 끊임없이 반응하며 늘 이들과 손잡으려 한다. 그래서 우리는 영적으로 매우 취약하다.

우리는 육체적으로 허약하고 영적으로 취약하다. 이것을 알면 우리가 하나님께 완전히 의존한다는 것을 더 깊이 깨닫는다.

이 글을 쓰는 동안 나의 82번째 생일이 막 지나갔다. 나이가 들수록 삶의 모든 부분에서 내가 하나님께 의존하고 있음을 더 깊이 깨닫는다. 전에는 식은 죽 먹기였던 집안일이 더는 쉽지 않기에, 늘 했던 평범한 일을 완수할 수 있게 도와 달라고 하나님께 시도 때도 없이 부르짖는다.

하지만 내가 의존한다는 사실을 더 깊이 깨닫는 것은 나이가 들기 때문만은 아니다. 하나님이 신자로서 나를 성숙시키시는 과정의 한 부분이라고 느낀다. 나의 육체적 삶과 영적인 삶에서도 다르지 않다. 그러나 사실은, 젊었을 때도 나는 지금처럼 하나님께 의존하고 있었다. 단지 그때는 깨닫지 못했을 뿐이다.

도덕적으로 책임이 있다

하나님이 우리를 그분의 형상으로 창조하셨다는 점에서도 인간은 다른 피조물들과 다르다. 이 진리에 포함되는 모든 것 중에서 핵심은 우리에게 도덕적 차원이 있다는 사실이다. 다시 말해, 우리에게는 옳고 그름을 아는 능력과 하나님께 순종하거나 불순종할 수 있는 능력이 있다. 이는 우리가 도덕적 피조물로서 하나님께 대한 책임이 있다는 뜻이다.

하나님은 첫 사람 아담에게 이 책임을 강조하셨다. 창세기 2장 16-17절은 이렇게 말한다.

여호와 하나님이 그 사람에게 명하여 이르시되 동산 각종 나무의 열매는 네가 임의로 먹되 선악을 알게 하는 나무의 열매는 먹지 말라 네가 먹는 날에는 반드시 죽으리라 하시니라.

이 명령으로, 하나님은 아담이 책임을 갖게 하시다. 책임이란 주제는 성경 전체를 관통한다.

창세기 4장에서 하나님은 가인에게 동생을 죽인 책임을 물으신다. 또 출애굽기 20장에서는 이스라엘에게 십계명을 주시는데, 순종할 책임을 암시하신 게 분명하다.

시편 119편 4절은 "주께서 명령하사 주의 법도를 잘 지키게 하셨나이다"라고 말하며, 예수님은 "너희가 나를 사랑하면 나의 계명을 지키리라"(요 14:15)라고 하셨다. 바울은 "이러므로 우리 각 사람이 자기 일을 하나님께 직고하리라"(롬 14:12)라고 했다.

그리고 마침내 마지막 때에, 죽은 자들이 각자의 행위에 따라 심판을 받을 것이다(계 20:13).

그러므로 아담을 창조하신 때부터 마지막 때까지, 하나님은 인간에게 그분의 계명을 지킬 책임을 지우신다. 우리는 그저 하나님께 불순종하면서도 아무 일 없을 거라고 기대할 자유가 없다. 도덕적으로 책임이 있다는 것은 이런 뜻이다.

그러나 우리는 우리가 하나님께 전적으로 의존한다는 사실을 무시하거나 심지어 거부하는 경향이 있듯이, 우리가 하나님께 책임이 있다는 사실도 무시하거나 심지어 거부하기 일쑤다.

몇 해 전, 『미국이 진실을 말한 날』(*The Day America Told the Truth*)이라는 책을 읽다가 너무나 실망스러워 끝까지 읽지 못했다. 이 책은 두 저자가 미국 전역을 여행하면서 사람들을 무작위로 만나 그들의 사생활과 도덕적 기준에 관해 인터뷰한 내용을 토대로 쓴 책이다. 이들은 미국인이 사실상 자신만의 십계명을 만들었다고 결론지었다. 다시 말해, 한 국가로서 우리는 더 이상 자신이 하나님께 책임이 있다고 보지 않고 오로지 자신에게 책임이 있다고 본다.

이것이 우리가 살아가는 세상의 태도다. 우리는 하나님께 책임이 있다. 이것을 자신에게 적극 일깨우지 않으면 우리도 똑같이 생각할 수 있다. 즉, 살인이나 성적 부도덕 같은 명백한 죄를 멀리하는 한, 자신만의 행동 규칙을 따르기만 해도 아주 훌륭하다고 생각하는 경향이 있다.

내가 학생이었을 때, 우리는 윌리엄 어니스트 헨리(William Ernest Henley)가 쓴 '인빅투스'(*Invictus*)라는 시를 외워야 했다. 지금도 이 구절이 기억난다.

나는 내 운명의 주인이며

내 영혼의 선장이다.

그 무렵, 우리는 이 시가 용기와 인내와 배짱을 가르친다고 생각했다. 그러나 이것은 실제로 하나님으로부터의 독립을 외치는 저항 선언이다. 이러한 선언 뒤에 자리한 정서가 어느 정도 모든 인간이 취하는 기본 태도다.

우리는 의존하거나 책임지길 좋아하지 않는다. 그러나 우리는 의존하며 책임이 있다. 이것은 하나님의 형상으로 창조된 피조물인 우리에게 정확히 적용된다.

적용

우리가 의존하고 허약하며 취약하고 책임이 있다는 진리를 어떻게 적용해야 하는가?

겸손. 첫째, 이러한 깨달음은 겸손으로 이어져야 한다. 내가 모든 호흡과 모든 양식을 하나님께 절대적으로 의존한다는 것을 인지하고, 모든 생각과 모든 말과 모든 행동에서 하나님 앞에 책임이 있다는 것을 알며, 내가 이런 부분들에서 하나님을 높이지 못하기 일쑤라는 것을 깨달았다면, 지속적이고 깊은 겸손으로 이어져야 한다.

감사. 둘째, 이러한 깨달음은 깊은 감사로 이어져야 한다. 영적이든 물질적이든 내 안과 내 주변에 있는 모든 좋은 것은 다 하나님의 선물이다. 더 중요하게는, 그리스도를 구주로 믿는 사람으로서, 나는 그분이 나의 모든 죄에 대해 친히 책임을 지셨고 나의 모든 불순종에 대한 값을 온전히 지급하셨다는 것을 안다.

나는 피조물이며, 하나님의 형상으로 창조되었고,
하나님께 온전히 의존하며, 하나님께 온전히 책임이 있다.

그리스도 안에 있다는 것이 무슨 뜻인가?
집에 있다고 할 때처럼 위치의 문제인가?
어떤 클럽이나 단체에 소속되었다는 것과 같은 뜻인가?
아니다. '그리스도 안에'는 사도 바울이 줄여 쓴 표현으로
그리스도와의 연합을 가리킨다.
바울의 신학에서 이는 분명 중요한 개념이다.
그리고 우리에게도 중요한 개념이어야 한다.
"나는 누구인가?"라는 물음의 나머지 모든 대답은
우리가 그리스도 안에 있다는 사실 또는
우리가 그리스도와 연합되었다는 사실에 기초하기 때문이다.

2
나는 그리스도 안에 있다

우리는 "나는 누구인가?"라는 물음에 먼저 이렇게 답했다. 우리는 모두 피조물이며, 하나님의 형상으로 창조되었고, 하나님께 의존하며, 하나님께 책임이 있다. 깨닫든 깨닫지 못하든 간에, 이것은 세상에 태어난 모두에게 적용된다. 그러나 그리스도를 구주로 믿는 우리의 정체성은 단순히 피조물이라는 사실보다 훨씬 더 많은 것을 포함한다.

"그리스도인으로서 나는 누구인가?"라는 물음의 답은 "인간으로서 나는 누구인가?"라는 심오하지만 좀 더 단순한 물음의 답보다 훨씬 정교하고 놀랍다. 우리가 회심하면, 우리의 정체성을 구성하는 필수 요소로 일곱 가지 영광스러운 진리가 추가된다. 이 책 나머지 부분에서는 이 일곱 가지 진리에 초점을 맞추겠다.

더 정교한 질문에 답하려 할 때, 우리가 '그리스도 예수 안에' 있다는 사실에서 출발해야 한다는 데는 논란의 여지가 없다.

그리스도 안에 있다는 것이 무슨 뜻인가? 집에 있다고 할 때처럼 위치의 문제인가? 어떤 클럽이나 단체에 소속되었다는 것과 같은 뜻인가? 아니다. '그리스도 안에'는 사도 바울이 줄여 쓴 표현으로, 그리스도와의 연합을 가리킨다.

이것은 바울이 아주 좋아하는 표현이다. 바울은 그의 서신에서 '그 안에' 또는 '주 안에'와 같은 비슷한 표현을 비롯해서, 이 표현을 160여 차례 사용한다. 바울의 신학에서 이는 분명 중요한 개념이다. 그리고 우리에게도 중요한 개념이어야 한다. "나는 누구인가?"라는 물음의 나머지 모든 대답은, 우리가 그리스도 안에 있다는 사실 또는 우리가 그리스도와 연합되었다는 사실에 기초하기 때문이다.

이것은 당연히 물음을 낳는다. 그리스도와 연합된다는 것이 무슨 뜻인가?

고린도전서 15장 22절에서 시작해 이 물음에 답하겠다. "아담 안에서 모든 사람이 죽은 것같이 그리스도 안에서 모든 사람이 삶을 얻으리라." '아담 안에서'와 '그리스도 안에서'라는 두 표현에 주목하라. 고린도전서 15장 45절에서, 바울은 첫 사람 아담과 마지막 아담도 말하는데 후자는 분명하게 그리스도를 가리킨다. 바울이 두 구절에서 말하는 것은, 하나님이 사람을 대하시는 방식에는 아담과 그리스도 둘만 있다는 것이다. 둘 중의 어느 한쪽이 하나님 앞에서 우리 모두를 대표한다.

우리의 대표자 아담

고린도전서 15장 22절에서, 바울은 "아담 안에서 모든 사람이 죽은 것같이"라고 했다. 이 개념은 로마서 5장 12-19절에서 더 완전하게 전개된다. 12절은 이렇게 말한다. "그러므로 한 사람으로 말미암아 죄가 세상에 들어오고 죄로 말미암아 사망이 들어왔나니 이와 같이 모든 사람이 죄를 지었으므로 사망이 모든 사람에게 이르렀느니라."

이 구절은 창세기 3장에서 나오듯이 금단의 열매를 먹은 죄를 가리킨다. 하나님은 이렇게 말씀하셨다. "선악을 알게 하는 나무의 열매는 먹지 말라 네가 먹는 날에는 반드시 죽으리라"(창 2:17). 아담은 하와와 함께 이 열매를 먹었고 둘 다 죽었다. 이들은 즉시 영적으로 죽었고 마침내 육체적으로도 죽었다. 그러나 아담은 평범한 사람이 아니었기에 그가 지은 죄의 결과가 그에게만 미치지는 않았다.

오히려 아담은 하나님이 전 인류를 대표하도록 정하신 사람이었다. 그래서 아담이 지은 죄의 결과가 전 인류에게 미쳤다. 바울은 로마서 5장 12절에서 "이와 같이 모든 사람이 죄를 지었으므로 사망이 모든 사람에게 이르렀느니라"라고 썼다. 이것은 우리 각자의 죄 하나하나를 가리키는 게 아니라, 우리가 우리의 대표자 아담과 단단히 연합되어 그가 죄를 지었을 때 우리 모두 죄를 지었고, 그래서 아담이 지은 죄의 결과가 우리 모두에게 미쳤다는 사실을 가리킨다.

아담의 죄가 대표성을 갖는다는 개념은 로마서 5장 18절의 "그런즉 한 범죄로 많은 사람이 정죄에 이른 것같이"에서와 19절의 "한 사람이 순종하지 아니함으로 많은 사람이 죄인 된 것같이"에서 한층 더 전개된다. 특히 19절의 '많은 사람이 죄인 된 것같이'라는 표현에 주목하라. 아담이 지은 죄의 결과가, 아담의 후손이 아니었던 그리스도를 제외한 모든 사람에게 미쳤다. 우리는 죄인이 되었다. 우리 각자는 세상에 올 때 본질상 죄인으로 왔다.

그러므로 "나는 누구인가?"라는 물음에 답할 때 우리는 "나는 죄인이다."라고 말해야 한다. 다윗은 이렇게 인정했다. "내가 죄악 중에서 출생하였음이여 어머니가 죄 중에서 나를 잉태하였나이다"(시 51:5). 다윗은 자신이 잉태될 때 받은 본성이 죄악된 본성이었다고 했다. 왜 이것이 사실인가? 아담이 에덴동산에서 당신과 나처럼 다윗도 대표했으며 아담의 불순종을 통해 다윗도 죄인이 되었기 때문이다.

두 사람 곧 아담과 그리스도가 하나님 앞에 서 있는 모습을 머릿속에 그려 보라. 아담 뒤에 그가 대표하며 그와 연합한 온 인류가 서 있다. 우리는 모두 '아담 안에서' 이 세상에 왔다. 그러므로 에베소서 2장 1-3절에서 바울이 하는 묘사는 그리스도를 믿기 이전의 우리 모두에게 적용된다. 그는 이렇게 썼다.

그는 허물과 죄로 죽었던 너희를 살리셨도다 그때에 너희는 그 가운데서 행하여 이 세상 풍조를 따르고 공중의 권세 잡은 자를 따랐으니 곧 지금 불순종의 아들들 가운데서 역사하는 영이라 전에는 우리도 다 그 가운데서 우리 육체의 욕심을 따라 지내며 육체와 마음의 원하는 것을 하여 다른 이들과 같이 본질상 진노의 자녀이었더니.

바울이 묘사하는 우리의 암울했던 상태를 세 가지 표현으로 요약할 수 있다.

- 영적으로 죽었다.
- 종(세상과 마귀와 우리의 죄악된 정욕의 종)이다.
- 하나님의 진노의 대상이다.

생각해 보라! 우리는 아담 안에 있는 자로서 하나님의 진노의 대상으로 세상에 왔다. 우리가 그리스도인 부모에게서 태어났는지 불신자 부모에게서 태어났는지는 중요하지 않다. 우리는 모두 '아담 안에서' 태어났으며, 따라서 하나님의 진노의 대상이다. 아담이 죄를 지었기 때문이다.

아담의 죄의 결과는 온 인류뿐 아니라 창조 세계 자체에 미쳤다. 창세기 3장 17-19절에서 하나님은 구체적으로 땅이 받은 저주를 말씀하시지만, 로마서 8장 19-22절에서 바울은 모든 창조 세계(피조물)의 허무함을 말한다. 그래서 우리는 모두 영적으로 죽은 상태에서 하나님의 진노의 대상이 되어 자연 세계, 곧 하나님의 저주 아래 있는 세상에 들어왔다. '아담 안에' 있다는 것은 바로 이러한 뜻이다.

우리의 대표자 그리스도

하나님 앞에 서 있는 다른 한 사람은 '마지막 아담' 곧 주 예수 그리스도다. 하나님은 아담을 온 인류를 대표하는 자로 정하셨듯이 그리스도를 그분을 구주로 믿는 모든 사람을 대표하도록 정하셨다. 우리는 아담이 대표자로서 한 행위의 결과를 로마서 5장

18-19절에서 보았다. 이제 그리스도께서 그분을 믿는 모든 사람을 대신해서 하신 일의 대조적인 결과를 살펴보자. "한 의로운 행위로 말미암아 많은 사람이 의롭다 하심을 받아 생명에 이르렀느니라"(롬 5:18). "한 사람이 순종하심으로 많은 사람이 의인이 되리라"(롬 5:19).

이를 명료화하기 위해서는 바울이 로마서 5장 18절과 19절에서 어떻게 절묘하게 언어를 사용하는지 들여다볼 필요가 있다.

- 로마서 5장 18절: "그런즉 한 범죄로 많은 사람이 정죄에 이른 것같이 한 의로운 행위로 말미암아 많은 사람이 의롭다 하심을 받아 생명에 이르렀느니라." 이 구절에서, 첫 번째 '많은 사람'(all men)은 우리의 보편적 정죄(모든 사람이 정죄 아래 있음)를 가리킨다. 두 번째 '많은 사람'(all men)은 구원의 보편성(모든 사람이 구원받음)이 아니라 구원의 보편적 제시(구원이 모든 사람에게 제시됨)를 가리킨다. 보편적 정죄가 있고 보편적 탈출 방법이 있지만 모두가 탈출하는 것은 아니다.
- 로마서 5장 19절: "한 사람이 순종하지 아니함으로 많은 사람이 죄인 된 것같이 한 사람이 순종하심으로 많은 사람이 의인이 되리라." 바울은 로마서 5장 18절에서처럼 여기서도 언어를 절묘하게 사용한다. 첫 번째 '많은 사람'(the many)은 보편적

선언이지만 두 번째 '많은 사람'(the many)은 그리스도께 나아오는 자들만을 가리킨다.

그러므로 각 구절에서, 첫 번째 '많은 사람'은 아담이 지은 죄의 결과가 모든 사람에게 미쳤다는 사실을 가리킨다. 두 번째 '많은 사람'은 그리스도를 믿고 '그분 안에' 있는 사람만을 가리킨다.

그리스도 안에 있는 결과는 무엇인가? 이어지는 몇 장에서 이 부분을 자세히 살펴보겠지만 여기서는 하나님이 일하시는 원리에 집중하겠다.

순종과 불순종

신명기 28장에서, 모세는 이스라엘 민족에게 두 가지 선택을 제시한다. 순종과 불순종이다. 순종의 결과는 엄청난 복이다. 불순종의 결과는 무서운 저주다. 이 특별한 복과 저주는 모두 본질상 일시적이며, 구체적으로 약속의 땅에서 살아갈 이스라엘 민족에게로 향한다. 그러나 그와 동시에, 이 복과 저주는 하나님이 일하시는 영원한 원리를 표현한다. 순종하면 복을 받고 불순종하면 저주를 받는다.

그리스도께서는 33년 동안 완벽하게 순종하며 사셨고 이로써 하나님의 복을 받으셨다. 그분은 십자가에서 죽으심으로 불순종이

초래한 저주를 경험하셨다. 우리의 대표자로서 그리스도께서 삶과 죽음으로 행하신 모든 일이 우리에게 유익이 된다. 누군가는 이것을 이렇게 말했다. "그분은 우리가 살 수 없는 삶을 사셨고 우리가 죽어 마땅한 죽음을 죽으셨다." 또는 이렇게 말했다. "그분은 자신이 받으셔야 할 대우를 우리가 받게 하시려고 우리가 받아야 할 대우를 받으셨다."

그리스도께서 하신 일을 생각할 때, 우리는 일반적으로 그분이 우리의 죗값을 치르려고 맞으신 죽음을 생각한다. 이것을 그분의 '대속'이라고 부른다. 그리스도께서 우리의 죄에 대한 하나님의 공의를 만족시키려고 우리를 대신해 우리의 대리자로서 죽으셨기 때문이다. 그러나 무엇이 이 대속을 유효하게 하는가? 완전히 무죄한 사람이 실제로 벌을 받아 마땅한 자들을 대신해 벌을 받을 때 어떻게 하나님의 공의가 충족될 수 있는가?

해답은 그리스도께서 우리의 대표자로서 하나님 앞에 서셨다는 것이다. 그리스도께서 하나님의 율법에 순종해야 하는 우리의 책임을 맡으셨고 우리의 불순종에 대해 하나님께 만족을 드려야 하는 책임도 맡으셨다. 이 모두는 우리가 '그분 안에' 있기 때문이다. 다시 말해, 우리가 우리의 대표자이신 그리스도와 연합되어 있기 때문이다.

살아 있는 연합

우리는 우리의 대표자이신 그리스도와 연합되었다. 이 진리는 "나는 누구인가?"라는 물음에 답하면서 다음의 몇 장에서 살펴볼 모든 것의 초석이다.

그러나 우리와 그리스도의 연합에는 똑같이 흥미진진하며 우리가 누구인지 이해하는 데 도움이 되는 전혀 다른 면도 있다. 이것을 우리와 그리스도의 살아 있는 연합이라고 부른다.

살아 있는 연합이 가장 잘 설명된 곳은 요한복음 15장 1-5절에서 예수님이 포도나무와 가지 비유를 사용하시는 장면이다. 가지가 포도나무의 생명과 자양분을 공유하듯이 우리는 신자로서 그리스도의 생명을 공유한다. 우리 안에 거하시며(고전 6:19-20) 그리스도의 영적 생명을 우리에게 주시는 성령께서 이 연합에 영향을 미치신다.

젊은 그리스도인이었을 때는 그리스도와 살아 있는 연합을 이룬다는 것이 무슨 뜻인지 깨닫지 못했다. 내가 생각하기에, 그리스도와 나의 관계는 그분은 하늘에 계시고 나는 땅에 있다는 것이었다. 나에게 기도란 하늘에 거는 장거리 전화 같았고, 그 전화는 연결될 수도 있고 연결되지 않을 수도 있었다. 그리스도인으로서 나의 삶은 대체로 스스로 노력하는 삶이었다.

어느 날 나는 낙심에 빠져 나 자신에게 말했다. "그리스도 안에 있는 사람이 어떻게 나처럼 낙심할 수 있겠어?" 그 무렵, 나는 그리스도 안에 있다는 것이 무슨 뜻인지 전혀 몰랐다. 나에게 그것은 그리스도인이라는 또 다른 표현일 뿐이었다. 그러나 이렇게 말하기가 무섭게 이런 생각이 들었다. '내가 방금 뭐라고 한 거야? 그리스도 안에 있다는 건 무슨 뜻일까?' 지금 생각하면, 성령께서 심어 주신 생각이었다.

그래서 홀로 하나님과 시간을 보내려고 가장 좋아하는 곳에 가서 '그리스도 안에 있다는 것은 무슨 뜻일까?'라는 질문을 곰곰이 생각했다. 내가 외운 성경 구절 중에는 '그리스도 안에', '그 안에', '주 안에' 같은 표현이 들어 있는 구절이 여럿 있었다. 그러나 앞서 말했듯이 이 표현은 내게 특별한 의미가 없었다.

하지만 그날 이 구절들이 머릿속을 스쳐 가기 시작했을 때, 나는 요한복음 15장 1-5절에 담긴 진리, 곧 내가 그리스도와 생생하게 살아 있는 관계에 있음을 깨달았다. 나는 실제로 그리스도의 생명에 참여하는 자였다. 하늘에 장거리 전화를 걸 필요가 없었다. 그럴 필요가 없었다. 내가 그분 안에 있었고, 그분의 성령을 통해 그분이 내 안에 계셨다.

그날 아침 머릿속을 스쳐 간 성경 구절들 중에 고린도전서 1장 30절이 가장 가슴 벅찼다.

너희는 하나님으로부터 나서 그리스도 예수 안에 있고 예수는 하나님으로부터 나와서 우리에게 지혜와 의로움과 거룩함과 구원함이 되셨으니.

가슴이 너무나 벅찼던 부분은 내가 '하나님으로부터 나서' 그리스도 예수 안에 있다는 것이었다. 말하자면, 내 힘으로 그리스도 안에 들어온 게 아니었다. 하나님이 나를 그리스도와 연합시키셨다. 하나님의 행위로 나는 그리스도 예수 안에 있다. 큰 위로를 주지 않는가? 하나님이 우리를 그리스도와 연합시키신다. 바울의 표현을 빌리면, 하나님이 우리를 그리스도 안에 두셨다. 우리가 절대로 나갈 수 없다는 뜻이다. 우리가 들어오려고 한 일이 전혀 없듯이 나가려고 할 수 있는 것이 전혀 없다. 모든 것이 하나님에게서 났다.

55년이 흐른 지금도 이 구절이 나의 삶에 불꽃이 튀게 한다. 아침에 눈을 뜨기 무섭게 어떤 일로 낙담할 때가 있다. 그러나 옷을 입고 부엌에 들어가 커피를 내릴 때면 고린도전서 1장 30절이 떠올라 혼잣말을 한다. "하나님, 저는 하나님으로부터 나서 그리스도 안에 있습니다." 그러면 갑자기 환한 미소를 짓게 되고 낙담이 오간 데 없어진다.

우리가 그리스도 안에 있음은 모두 하나님으로부터 났으며(하나님에게서 비롯되었으며), 더 나아가 우리가 그리스도 안에 있기 때문에 그리스도의 생명 자체가 우리에게 흘러든다. 그런데 이러한 개념은 우리가 이 관계에서 아무 책임이나 역할이 없다는 인상으로 이어질 위험이 있다. 비록 우리와 그리스도의 연합은 참으로 하나님으로부터 비롯되지만, 우리는 '믿음으로' 그리스도와 연합된다. 그러나 우리는 믿음을 어디서 얻는가? 믿음은 하나님의 선물이다(엡 2:8-9, 행 16:14). 이 믿음은 우리에게 주어진 것이지만, 우리는 이 믿음을 행사해야 한다.

우리가 그리스도를 믿기 위해 믿음을 행사했다면, 또한 그리스도와의 살아 있는 연합을 통해 그리스도로부터 우리에게로 오는 생명과 자양분을 받기 위해서도 믿음을 행사해야 한다. 어떤 사람들은 가지가 포도나무의 자양분을 받기 위해 하는 일이 전혀 없듯이 우리가 그리스도의 생명과 에너지를 받기 위해 하는 일도 전혀 없다고 가르친다. 이것은 포도나무 비유를 지나치게 확대 해석한 것이다. 그리스도가 포도나무와 완전히 같지는 않듯이 우리도 가지와 완전히 같지는 않다.

사람은 하나님의 형상으로 창조되었다는 점에서 특별하다. 하나님은 우리에게 숱한 것을 주셨지만 그 가운데서도 생각할 수 있는 지성과 행사할 수 있는 의지를 주셨다. 하나님은 우리의 지성과 의지를 통해 일하신다. 다시 말해, 우리의 지성 및 의지와 무관하게 일하지 않으신다.

그러므로 요약하면, 그리스도 안에 있음, 곧 그리스도와의 연합에는 서로 연결되지만 구분되는 두 측면이 있다.

대표하는 연합. 첫째는 대표하는 연합이다. 이 연합으로, 예수님은 하나님의 율법에 온전히 순종해야 하는 우리의 책임을 떠맡으셨고 우리가 순종하지 못했기에 받아야 하는 형벌, 곧 죽음도 떠맡으셨다. 그 결과를 이어지는 두 장에서 살펴보겠다.

살아 있는 연합. 둘째는 성령을 통한 살아 있는 연합이다. 이 연합으로, 우리는 살아 계신 그리스도의 자양분과 능력을 믿음으로 받아 그리스도인의 삶을 살 수 있다.

이 두 측면을 좀 더 살펴보면 "나는 누구인가?"라는 물음에 답하는 데 도움이 될 것이다.

하나님의 일하심으로 나는 더 이상 아담 안에 있지 않다.
나는 대표하는 연합과 살아 있는 연합을 통해 그리스도 안에 있다.

어떻게 공의로운 하나님이 당신의 장부에서 죄를 모두 지우고
그리스도의 완전한 의로 대체하실 수 있는가?
우리가 그리스도 안에 있기 때문이다.
그리스도께서 우리의 대표자로서 공의롭게 우리의 죄를 지고
그분의 죽음을 통해 우리의 죄에 대한 값을 지불하신다.
그리스도는 우리의 대표자이시기 때문에
하나님이 공의롭게 그분의 완전한 의를 우리에게 돌리실 수 있다.
예수님이 십자가에서 죽으셨을 때 우리가 십자가에서 죽었다고 말할 수 있다.
그분이 완전한 삶을 사셨을 때 우리가 완전한 삶을 살았다.
우리가 그분 안에 있기 때문이다.

3
나는 의롭게 되었다

'그리스도 안에' 있음은 그리스도인의 가장 기본적인 정체성이다. 이 정체성이 너무나 기본적이기에 "나는 누구인가?"라는 물음의 나머지 모든 대답은 이 정체성에 기초하거나 이 정체성에서 비롯된다. 다시 말해, 이것이 이 책 1장과 2장의 요약이다. 3장과 4장에서는 '그리스도 안에' 있음이 내포하는 여섯 가지 함의 또는 측면을 살펴보겠다.

그 가운데서 '나는 의롭게 되었다.'(나는 의롭다 함을 얻었다)라는 개념이 가장 중요하다. 이 선언은 복음의 핵심을 나타내지만, 파악하거나 전달하기 쉬운 개념이 아니다. 이 개념은 다음과 같은 질문을 불러일으킨다.

- 의롭게 되었다는 것은 무엇인가?
- 어떻게 의롭게 되는가?
- "나는 의롭게 되었다."라는 선언이 자신의 정체성 문제와 관련해서 어떻게 주관적 현실이 되게 할 수 있는가?

의롭게 되었다는 것은 무엇인가?

먼저 갈라디아서 2장 15-16절을 살펴보며 첫 질문에 답하겠다.

우리는 본래 유대인이요 이방 죄인이 아니로되 사람이 의롭게 되는 것은 율법의 행위로 말미암음이 아니요 오직 예수 그리스도를 믿음으로 말미암는 줄 알므로 우리도 그리스도 예수를 믿나니 이는 우리가 율법의 행위로써가 아니고 그리스도를 믿음으로써 의롭다 함을 얻으려 함이라 율법의 행위로써는 의롭다 함을 얻을 육체가 없느니라.

이 구절에서 바울은 우리가 율법의 행위로 의롭게 되는 것이 아니라 예수 그리스도를 믿음으로써 의롭게 된다고 말한다. '의롭게 되다.'(justified)는 율법 준수에 기초한 평가 용어다. 의롭게 되었다는 것은 적절한 법에 따라 옳다고(right) 선언되었다는 뜻이다. 바울 서신들, 특히 로마서 3장과 4장뿐 아니라 갈라디아서 2장에서 의롭게 되었다는 것은 하나님이 그분의 율법과 관련해 의롭다고 (righteous) 선언하셨다는 뜻이다. 이것은 하나님이 그렇게 받아들이고 대하신다는 뜻이기도 하다.

의롭다 하심(justification, 칭의)의 큰 신비와 경이로움을 진정으로 이해하려면 반드시 파악해야 할 것이 있다. 사실 우리는 거의 언제나 하나님의 율법에 불순종했고 지금도 불순종하는데, 어떻게 하나님이 그분의 율법과 관련해 우리를 의롭다고 선언하실 수 있는가?

율법의 저주

하나님이 어떻게 죄인들을 의롭게 하실 수 있는지 이해하려면 먼저 우리가 율법의 행위로, 곧 하나님의 율법에 순종함으로써 의롭게 되는 것이 아님을 알아야 한다. 바울은 이것을 힘주어 말한다. 주목하라. 갈라디아서 2장 15-16절의 긴 문장에서 바울은 이 개념을 세 차례 되풀이한다.

왜 우리는 하나님의 율법에 순종함으로써 하나님에 의해 의롭게 되거나 의롭다고 여겨질 수 없는가? 이 질문의 답은 갈라디아서 3장 10절에 나온다. "무릇 율법 행위에 속한 자들은 저주 아래에 있나니 기록된 바 누구든지 율법 책에 기록된 대로 모든 일을 항상 행하지 아니하는 자는 저주 아래에 있는 자라 하였음이라." 이 구절에서 바울은 절대 기준을 제시한다. 다시 말해, 우리는 하나님의 율법이 제시하는 '모든' 요구에 '완전히' 순종해야만 행위로 의롭게 되리라고 기대할 수 있다.

누군가 구약성경의 율법을 세어 보니 600개가 조금 넘는다고 한다. 그러나 예수님은 이를 두 가지로 간추리셨다. "네 마음을 다하고 목숨을 다하고 뜻을 다하여 주 너의 하나님을 사랑하라…둘째도 그와 같으니 네 이웃을 네 자신같이 사랑하라"(마 22:37-39).

이 두 계명이 오늘 우리의 삶에서 어떤 모습일지 굳이 분석하지 않더라도, 이 말만으로도 충분하다. "예수님은 두 계명 모두를 온전히 순종하셨지만, 그분 외에 그 누구도 둘 중 하나라도 온전히 순종하는 데 전혀 미치지 못했다."

그러나 바울은 우리가 율법 책에 기록된 모든 것을 순종하지 않으면 저주 아래 있다고 말한다.

내가 알기로 어느 학교도 교과 과정을 통과하기 위해 모두 100점을 받아야 한다고 요구하지 않는다. 대체로 평균 70점이면 충분하다. 우리도 자연스럽게 하나님이 비슷한 방식으로 '점수를 매긴다.'라고 생각한다. 더 나아가 자신이 합격 점수를 받았다고 여긴다.

그러나 바울은 우리가 하나님의 율법이 요구하는 '모든 것'에 '완전히' 순종해야 하며 그러지 못하면 하나님의 저주 아래 놓인다고 말한다. 그래서 우리는 안다. 하나님에 의해 의롭다고 여김을 받는 대신 스스로 율법에 순종함으로써 의롭게 되려는 사람은 누구라도 실제로 하나님의 저주 아래 있다.

그러므로 하나님에 의해 우리가 의롭게 되거나 의롭다고 여겨지려면, 두 가지 선택이 있다.

1. 우리 자신의 의를 의지할 수 있다.
2. 그리스도를 믿는 믿음을 행사할 수 있다.

바울은 첫째 선택을 '율법의 행위'라고 부른다. 하나님이 요구하시는 바를 우리가 행하는 것은 분명 불가능하기에 이것을 선택하면 하나님의 저주를 받으리라고 단언한다. 그러나 둘째 선택의 결과는 사실 우리가 의롭게 되는 것이다. 왜 그런가? 가장 좋은 답은, 성경에서 아주 중요한 구절로 꼽히는 고린도후서 5장 21절에 나온다.

하나님이 죄를 알지도 못하신 이를 우리를 대신하여 죄로 삼으신 것은 우리로 하여금 그 안에서 하나님의 의가 되게 하려 하심이라.

이 구절에 집합적으로 또는 개별적으로 언급되는 세 인격체가 있다.

하나님. 성부 하나님을 가리킨다. 그분은 이 구절의 행위자다.

이. 주 예수 그리스도를 가리킨다. 그분은 성부께서 하시는 행위의 대상이다.

우리. '우리를 대신하여'에서 보듯이 집합적으로 우리 모두를 가리킨다.

그러면 우리는 누구인가? 당신과 나는 에베소서 2장 1-3절에서 영적으로 죽었다고 기술된 사람들이다. 세상과 마귀와 우리의 죄악된 정욕의 종이다. 본질상 하나님의 진노의 대상이다. 로마서 5장 6-10절에서, 바울은 우리가 경건하지 않은 자요 죄인이며 하나님의 원수라고 말한다. 아름다운 그림이 아니다.

고린도후서 5장 21절의 '우리'는 하나님께 순종하려는 좋은 사람들이 아니라 하나님의 원수이자 진노의 대상인 사람들을 가리킨다.

이 구절에 놀라운 점이 있다. 성부 하나님이 그분의 아들에게 하신 폭력적 행위들이 '우리를 대신하게 한'(우리를 위한) 것이었다. 다시 말해, 전체 시나리오에서 유죄인 자들만을 위한 것이었다. 이 부분은 더 깊이 탐구해 보아야 한다. 그러나 하나님이 그분의 아들에게 무엇을 하셨는지 살펴보기 전에 그분, 곧 아들이 '죄를 알지도 못하셨다.'라는 표현을 먼저 살펴보자.

그분은 죄를 알지도 못하셨다

예수님께는 우리에게 있는 죄악된 본성이 없었다. 그분은 아담의 후손이 아니기 때문이다. 당신과 나는 죄악된 정욕의 종이다. 그러나 예수님께는 죄악된 정욕이 없었다.

예수님은 외적으로 마귀에게 유혹을 받으셨고(마 4:4-10), 그분이 살았던 죄악된 환경의 유혹을 받으셨지만, 이러한 유혹에 내적으로 반응하지 않으셨다. 그분에게는 죄악된 욕망이 없었다. 그분은 온전히 한마음으로 하나님께 헌신하고 순종하셨다. 예수님은 죄를 알지 못하셨다.

신약성경의 다른 저자들도 똑같이 말한다. 히브리서 4장 15절은 예수님이 모든 일에 우리와 똑같이 유혹을 받았으나 죄가 없었다고 말한다. 베드로전서 2장 22절은 예수님이 죄를 범하지 않으셨다고 말하며, 요한일서 3장 5절은 "그에게는 죄가 없느니라"라고 말한다.

이렇듯 신약성경 서신서의 주요 저자 넷이 똑같이 말한다. 그리스도는 죄가 없었다. 그분은 매 순간 하나님의 도덕법에 완전하게 순종하셨다. 그러나 예수님 자신의 말씀이 네 저자의 증언보다 훨씬 강력하다.

요한복음 8장에서, 예수님은 몇몇 유대인과 대화를 나누셨다. 대화의 분위기는 갈수록 험악해졌다. 유대인들은 하나님이 자신들의 아버지라고 주장했으나 예수님은 이들의 주장에 "너희는 너희 아비 마귀에게서 났으니"(요 8:44)라고 답하신다. 예수님은 유대인들의 고상한 주장을 이렇게 반박하셨고, 유대인들은 격분했을 것이다. 그러자 예수님이 물으신다. "너희 중에 누가 나를 죄로 책잡겠느냐"(요 8:46).

예수님이 이 말씀을 하실 때, 주위에는 그분을 미워하고 어떻게든 그분에게서 죄를 찾아내려는 한 무리의 유대인들만이 아니라 매일 밤낮으로 그분과 함께하는 열두 제자도 있었다. 예수님이 당당하게 이렇게 물으실 수 있었던 것은 그 답을 알고 계셨기 때문이다. 예수님은 자신에게 죄가 전혀 없다는 것을 아셨다. 예수님은 격분한 대적들뿐 아니라 가장 가까운 친구들이라도 자신에게서 죄를 하나도 찾지 못하리라는 것을 절대적으로, 당연하게 확신하셨다.

앞서 요한복음 8장 29절에서, 예수님은 자신을 평가하며 "나는 항상 그(아버지)가 기뻐하시는 일을 행하므로"라고 하신다. 이와 관련해 성부 하나님의 증언까지 있다. 예수님이 세례를 받으시는 장면과 연결된 마태복음 3장 17절에서, 그리고 변화산 사건과 연결된 마태복음 17장 5절에서, 성부 하나님이 하늘에서 말씀하신다. "이는 내 사랑하는 아들이요 내 기뻐하는 자라." 예수님의 삶에서 단 한 번이라도 죄가 있었다면 하나님은 이렇게 말씀하실 수 없었을 것이다. 신약성경은 주 예수 그리스도의 죄 없으심과 아버지께 대한 온전한 순종을 더없이 분명하게 말한다.

이사야는 성부 하나님이 그분의 보좌에 앉아 계시는 것을 보았고 스랍들이 "거룩하다 거룩하다 거룩하다" 하고 외치는 소리를 들었다(사 6:1-3). 히브리어에서 같은 단어를 세 차례 반복하는 것은 그 단어를 통해 무한성을 표현하는 방식이다.

예수님은 절대적으로 죄가 없으셨고 하나님과 그분의 율법에 완전하게 순종하셨다. 그러므로 신약성경을 거니시는 예수님은 성부 하나님이 무한히 거룩하신 것과 정확히 같은 방식, 같은 수준으로 무한히 거룩하시다. 사람이 되신 예수님은 보좌에 앉아 계신 하나님과 똑같이 거룩하셨다. 털끝만큼도 차이가 없으셨다.

그분이 죄가 되셨다

다음으로, 절대로 죄가 없는 분, 33년 동안 온전하게 순종하는 삶을 사신 분께 하나님이 하신 일을 살펴보자. 하나님은 그분을 죄로 삼으셨다(그분이 죄가 되게 하셨다).

이것은 '창조했다.'(created)라는 의미에서 '삼으셨다.'(made, 되게 하셨다)라고 한 것이 아니다. 성자 하나님은 언제나 계셨고 언제나 계실 것이기 때문이다. '강제했다.'(forced)라는 의미에서 삼으셨다는 것도 아니다. 예수님은 아버지께 언제나 자발적으로 순종하셨기 때문이다. '초래했다.'(caused)라는 의미에서 삼으셨다고 한 것도 아니다.

바울은 '죄로 삼으셨다.'(made him to be sin, 죄가 되게 하셨다)라는 이상한 표현으로, 하나님이 예수님께 우리의 죄 짐과 죄책을 맡게 하셨다고 말한다. 그분의 계획과 목적에 따라, 성부 하나님은 예수님을 우리를 위해 죄가 되게 하셨다. 상상할 수 없는 고통과 고뇌가 따르는데도 예수님은 협력하셨다. 하나님은 대대로 내려온 우리 모두의 집단적 죄를 전부 취해 그리스도께 지우셨다. 우리가 생각과 말과 행동과 동기로 짓는 모든 죄가 그분께 지워졌다. 그분이 죄가 되셨다.

이사야 53장 6절은 이렇게 말한다. "우리는 다 양 같아서 그릇 행하여 각기 제 길로 갔거늘 여호와께서는 우리 모두의 죄악을 그에게 담당시키셨도다." 우리는 모두 죄인이다. 우리는 모두 그릇 행하여 각기 제 길로 갔으나 하나님은 우리의 모든 죄를 취하여 그리스도께 돌리셨다. 베드로가 말하듯이, 그분은 친히 나무에 달려 그 몸으로 우리 죄를 담당하셨다(벧전 2:24).

성경이 여기서 말하는 것을 진지하게 생각해 보라. 죄인이고 경건하지 못하며 하나님의 원수인 우리를 위해 아버지께서 그분의 아들을 벌하셨다. 우리를 위해 하나님이 우리의 모든 죄를 취해 주 예수 그리스도께 지우셨다. 이사야 53장 5절을 생각해 보라. "그가 찔림은 우리의 허물 때문이요 그가 상함은 우리의 죄악 때문이라 그가 징계를 받으므로 우리는 평화를 누리고 그가 채찍에 맞으므로 우리는 나음을 받았도다."

이사야 53장 10절에서는 "여호와께서 그에게 상함을 받게 하시기를 원하사"라고 말한다. 이는 KJV 성경에서처럼 "여호와께서 그에게 상함을 받게 하시기를 기뻐하사."라고 번역할 수 있다. 깜짝 놀랄 선언이다. 하나님이 그분의 아들을 상하게 하길 기뻐하셨다. 왜 하나님이 이렇게 하길 기뻐하셨는가? 하나님이 사디스트인가? 하나님은 아들을 때리는 잔인한 아버지인가? 아니다. 하나님이 이렇게 하길 기뻐하신 것은 우리를 위해 무언가 하시길 원하셨기 때문이다.

예수님은 억지로 십자가에 달려 죽으신 것이 아니다. 오히려 예수님은 이렇게 말씀하셨다. "내가 내 목숨을 버리는 것은 그것을 내가 다시 얻기 위함이니…이를 내게서 빼앗는 자가 있는 것이 아니라 내가 스스로 버리노라"(요 10:17-18). 바울은 갈라디아서 2장 20절에서 이렇게 말한다. "이제 내가 육체 가운데 사는 것은 나를 사랑하사 나를 위하여 자기 자신을 버리신 하나님의 아들을 믿는 믿음 안에서 사는 것이라." 예수님은 우리의 구원을 위해 성부 하나님이 예수님께 하신 일에 자발적으로 복종하셨다.

우리는 하나님의 의가 된다

고린도후서 5장 21절에 담긴 세 번째 진리는 이것이다. "우리로 하여금 그 안에서 하나님의 의가 되게 하려 하심이라." 하나님이 예수님을 죄로 삼으신 것은 우리로 하나님의 의가 되게 하기 위해서였다.

당연히 질문이 생긴다. "하나님의 의란 무엇인가?" 이 질문의 답은 빌립보서 3장 9절에 가장 분명하게 나온다. "그 안에서 발견되려 함이니 내가 가진 의는 율법에서 난 것이 아니요 오직 그리스도를 믿음으로 말미암은 것이니 곧 믿음으로 하나님께로부터 난 의라."

이 의는 율법을 통해 의에 이르려는 노력, 곧 바울이 헛된 추구라고 바르게 선언하는 것과 전혀 무관하다. 이것은 그리스도께서 33년간 살아 내신 그분의 완전한 의이며, 믿음을 통해 우리에게 온다.

고린도후서 5장 21절은 흔히 '위대한 교환'(The Great Exchange)이라고 불리는데, 다음과 같이 작동한다. 당신의 삶이 모든 행동과 생각과 말과 동기가 기록된 도덕 장부라고 상상해 보라. 아주 암울하다. 우리의 가장 선한 행위라도 하나님이 보시기에는 더러운 옷 같기 때문이다(사 64:6). 그러나 하나님은 당신의 죄를 취해 당신의 장부에서 지워 버리고 주 예수 그리스도의 장부에 기록하신다. 구주께서 당신의 모든 죄에 대해 형벌을 받으신다.

이제 당신의 장부는 깨끗한 백지다. 그래서 하나님이 다른 일을 하신다. 하나님은 그리스도의 완전한 순종과 완전한 의를 그분의 장부에서 취해 당신의 장부에 옮기신다. 컴퓨터 용어로 말하면, '복사해서 붙이기'라고 생각할 수 있겠다. 그리스도의 의가 당신에게 주어졌으나, 똑같은 의를 다른 모든 그리스도인과 장차 그리스도께 나아올 모든 사람이 여전히 받을 수 있다는 뜻이다.

이제 당신의 장부에는 당신의 죄의 목록이 없고 대신에 절대적으로 완전한 의를 명시한 33년의 기록이 있을 뿐이다. 어떻게 하나님이 이렇게 하실 수 있는가? 어떻게 공의로운 하나님이 당신의 장부에서 죄를 모두 지워 버리고 그리스도의 완전한 의로 대체하실 수 있는가?

우리가 '그리스도 안에' 있기 때문이다. 그리스도께서 우리의 대표자로서 공의롭게 우리의 죄를 지고 그분의 죽음을 통해 우리의 죄에 대한 값을 지불하신다. 그리스도는 우리의 대표자이시기 때문에, 하나님이 공의롭게 그분의 완전한 의를 우리에게 돌리실 수 있다. 그래서 바울이 갈라디아서 2장 20절에서 본질적으로 말하듯이, 예수님이 십자가에서 죽으셨을 때 우리가 십자가에서 죽었다고 말할 수 있다. 그분이 완전한 삶을 사셨을 때 우리가 완전한 삶을 살았다. 우리가 '그분 안에' 있기 때문이다.

요약. 의롭게 된다는 것은 이런 뜻이다.

1. 우리의 죄가 그리스도께 지워졌기 때문에 용서되었다.
2. 그리스도의 완전한 의가 우리에게 온전히 돌려졌다.

'의롭게 되다.'(justified)라는 단어에 대한 두 태도가 이것을 더 분명하게 이해하는 데 도움이 되겠다. 이것을 '마치 내가 전혀 죄를 짓지 않은 것처럼'이라는 뜻으로 생각할 수 있다. 다시 말해, 당신의 죄가 얼마나 악하고 얼마나 오래 계속되었는지는 중요하지 않다. 당신이 그리스도를 구주로 믿을 때, 하나님은 마치 당신이 전혀 죄를 짓지 않은 것처럼 당신을 보신다.

같은 것을 정반대 방식으로 말하자면, '의롭게 되다.'를 '마치 내가 언제나 순종했던 것처럼'이라는 뜻으로 생각할 수도 있다. 이것이 하나님이 당신을 보시는 방식이다. 그분은 그리스도의 완전한 의를 입은 당신을 보시기 때문이다.

어떻게 의롭게 되는가?

바울은 갈라디아서 2장 15-16절에서 이 질문에 아주 분명하고 단호하게 답한다. 그는 예수 그리스도를 믿어 의롭게 된다고 세 번이나 말한다.

믿음이란 무엇인가? 우리는 때로 이런 말을 듣는다. "나는 믿음으로 뛰어들었다." 만약 아무것도 아닌 것을 향해, 허공을 향해 뛰어드는 것이라면 이 말은 아무 의미가 없다. 믿음은 언제나 대상이 있어야 한다. 바울에게 믿음의 대상은 분명히 예수 그리스도다. 그분은 죄 없는 삶과 죄를 짊어진 죽음을 통해서 그분을 믿는 모두가 하나님 앞에 의롭게 될 수 있게 하신 분이다.

이 믿음은 동전의 양면 같다. 한 면은 '포기'다. 다른 한 면은 '의뢰'다. 그리스도를 신뢰하려면 무엇보다 먼저 우리 자신에게 있다고 생각하는 의를 신뢰하길 완전히 포기해야 한다. 그런 후, 그리스도께서 그분의 삶과 죽음에서 다 이루신 일을 전적으로 의지해야 한다. 이것이 우리가 의롭게 되는 방법이다.

어떻게 칭의가 주관적 현실이 되는가?

이 질문에 답하기 위해, 갈라디아서 2장을 살펴보자. 갈라디아서 2장 15-21절은 우리의 칭의(의롭다 하심)를 논한다. 바울은 갈라디아서 2장 20절 끝에서 이렇게 말한다. "이제 내가 육체 가운데 사는 것은 나를 사랑하사 나를 위하여 자기 자신을 버리신 하나님의 아들을 믿는 믿음 안에서 사는 것이라."

바울은 현재 시제로 말한다. "이제 내가…사는 것은…." 그러나 칭의는 단회적 사건이다. 그리스도를 믿는 순간 의롭게 된다. 칭의는 단회적 사건이기 때문에 5분 전에 일어났든 50년 전에 일어났든 과거의 사건이다. 그래서 바울은 로마서 5장 1절에서 칭의를 과거 사건으로 말할 수 있다.

그러므로 우리가 믿음으로 의롭다 하심을 받았으니(과거 시제).

그런데 바울은 갈라디아서 2장 20절에서는 칭의를 현재 시제로 말한다.

이제(오늘) 내가 육체 가운데 사는 것은 나를 사랑하사 나를 위하여 자기 자신을 버리신 하나님의 아들을 믿는 믿음 안에서 사는 것이라.

그러므로 바울에게 칭의는 과거 사건일 뿐 아니라 현실이기도 하다. 바울은 매일 시야를 자신의 밖으로 돌려 그리스도와 그분이 이루신 일을 주목했으며, 자신이 그리스도 안에 있기 때문에 하나님이 보시기에 의롭다고 보았다.

우리는 모두 바울처럼 사는 법을 배워야 한다. 우리도 매일 자신의 밖으로 시선을 돌려 그리스도를 바라보아야 하며 우리의 대표자이신 그리스도와 연합되었기에 우리 자신이 하나님 앞에서 의롭다고 보아야 한다.

우리에게는 '좋은 날들', 곧 삶이 우리가 원하는 대로 술술 풀리고 죄와 심각하게 싸우지도 않는 날들이 있는가 하면 '나쁜 날들', 곧 온종일 이런저런 죄와 싸우고 있음을 느끼는 날들도 있다. 악한 상상이나 누군가를 향한 분노나 하나님을 향한 불신이나 그 외에 숱한 부분에서 우리의 육체, 곧 죄악된 본성이 우위를 점하는 경향이 있을 것이다.

좋은 날에, 우리는 하나님이 우리를 틀림없이 기뻐하시고 우리에게 미소를 짓고 계시리라고 생각한다. 우리는 앞서 보았듯이 우리의 의로운 행위는 하나님이 보시기에 모두 더러운 옷 같다는(사 64:6) 사실을 잊는다. 나쁜 날에, 우리는 우리의 죄 때문에 하나님의 총애를 잃었다고 생각하는 경향이 있다. 우리는 예수님이 이미 십자가에서 우리의 죄를 지셨기 때문에 하나님이 더는 우리의 죄를 우리에게 돌리지 않으신다는 사실을 잊는다.

우리의 죄를 심각하게 받아들이지 말아야 한다는 뜻이 아니다. 우리의 죄를 고백하고 회개해야 한다. 그러나 우리가 죄를 고백하고 회개하는 가장 큰 동기는, 예수님이 우리가 범한 모든 죄를 십자가에서 지셨고 그 죄 때문에 상함을 받으셨기에 하나님이 우리를 용서하셨다는 사실을 깊이 생각함이어야 한다.

그러므로 우리의 칭의를 주관적 현실로 경험하려면 우리는 매일 우리 자신의 밖으로 시선을 돌려 그리스도를 바라보아야 한다. 약 25년 전, 어느 설교 테이프에서 "날마다 자신에게 복음을 전하라."라는 표현을 들었다. 우리의 칭의를 현실로 누리려면 이렇게 하는 법을 반드시 배워야 한다.

2천 년 전 다음과 같이 썼을 때 바울이 했던 일이 바로 이것이다. "이제 내가 육체 가운데 사는 것은 나를 사랑하사 나를 위하여 자기 자신을 버리신 하나님의 아들을 믿는 믿음 안에서 사는 것이라"(갈 2:20).

나는 의롭게 되었고, 하나님 앞에서 의롭다.
하나님이 내 죄를 그리스도께 돌리고
그분의 완전한 의를 내게 돌리셨기 때문이다.

하나님은 우리의 죄를 용서하심으로써 우리를 사면하셨다.
하나님은 우리에게 그분의 아들의 완전한 의를 입히셨다.
그러고는 우리를 그분의 가정에 입양하셨다.
칭의와 입양을 구분하더라도 절대로 분리해서는 안 된다.
칭의와 입양은 우리를 향한 하나님의 일하심에서 늘 함께 간다.
입양은 칭의와 무관하게 일어날 수 없고 칭의는 언제나 입양으로 귀결된다.
어떤 의미에서 입양은 우리와 하나님의 관계를 한 차원 높인다.
하나님은 우리를 대신하여 살고 죽도록 그분의 외아들을 보내심으로써
스스로 무한한 값을 치르고 우리를 사면하셨다.

4
나는 하나님의 양자다

당신이 사형 선고를 받고 교도소에서 집행을 기다리는 연쇄 살인범이라고 가정해 보라. 당신은 기소된 모든 혐의에 대해 유죄 판결을 받았다.

그런데 어느 날 교도소장이 감옥에 찾아와 당신이 완전히 사면되었다고 알려 준다. 당신은 이제 자유다.

교도소장은 당신을 사면한 주지사가 당신을 입양했다는 사실도 알려 준다. 당신은 주지사의 집에 가서 살고 그의 성(姓)을 따르며 그의 상속자가 될 것이다.

뭐라고?!?

이것이 영적 입양에서 본질적으로 하나님이 우리를 위해 하신 일이다. 하나님은 우리의 죄를 용서하심으로써 우리를 사면하셨다. 하나님은 우리에게 그분 아들의 완전한 의를 입히셨다. 그러고는 우리를 그분의 가정에 입양하셨다. 사실, 바울은 에베소서 1장 4-5절에서 이것이 태초부터 하나님의 계획이었다고 말한다. 다시 말해, 하나님은 세상의 기초가 놓이기도 전에 우리를 입양하기로 예정하셨다.

하나님의 양자라는 우리의 신분을 살펴볼 때, 우리는 먼저 이것이 어떤 의미이고 칭의와 어떤 관계가 있는지 이해해야 한다.

- 칭의(의롭다 하심)는 심판자이신 하나님과 우리의 법적 관계를 굳건히 한다. 칭의에서, 하나님은 우리가 그리스도 안에서 의롭다고 선언하신다.
- 입양은 하나님과 우리의 가족 관계를 굳건히 한다. 입양을 통해, 하나님은 우리를 그분의 자녀로 삼으신다.

칭의와 입양을 구분하더라도 절대로 분리해서는 안 된다. 칭의와 입양은 우리를 향한 하나님의 일하심에서 늘 함께 간다. 입양은 칭의와 무관하게 일어날 수 없고 칭의는 언제나 입양으로 귀결된다.

어떤 의미에서 입양은 우리와 하나님의 관계를 한 차원 높인다. 연쇄 살인범과 주지사를 생각해 보라. 주지사는 펜을 몇 번 굴려 연쇄 살인범을 사면할 수 있다. 자신이 직접 관여하지 않아도 된다. 그러나 연쇄 살인범을 입양하려면 직접 관여해야 한다. 연쇄 살인범을 입양함으로써, 주지사는 그의 복지와 행동 둘 다를 직접 책임진다.

비유는 대개 어느 시점에서 무너질 수밖에 없는데, 앞 단락에서 들었던 비유는 확실히 그렇다. 주지사는 그저 펜을 몇 번 굴려 사면할 수 있지만 하나님은 그러실 수 없다. 하나님은 우리를 대신하여 살고 죽도록 그분의 외아들을 보내심으로써 스스로 무한한 값을 치르고 우리를 사면하셨다.

유산(기업)

성경에서 입양을 다루는 주요 단락은 로마서 8장 15-17절과 갈라디아서 3장 25절-4장 7절이다(후자가 좀 더 자세히 다룬다). 이 갈라디아서 구절을 살펴볼 때 가장 먼저 눈에 띄는 점은 바울이 '자녀' 대신 '아들'이라는 단어를 사용한다는 것이다. 바울은 성차별주의자가 아니며 여성을 무시하지도 않는다. 갈라디아서 3장 27-29절에서 바울은, 남자와 여자 둘 다 아들의 범주에 포함됨을 분명히 한다. 그런데 왜 '아들'이라는 단어를 사용하는가? 바울이 자신의 직접적인 청중과 분명하게 소통하는 데 우선순위를 두었기 때문이다.

그 당시 유대 문화에서는 남자만 가족 유산의 일부를 받을 수 있었다. 따라서 바울은 여자를 깔아뭉개거나 무시하기는커녕, 오히려 집안 유산을 배분하는 일에서 여자를 남자와 동등하게 만들고 있다. 우리는 모두 그리스도 예수 안에서 하나이며, 아브라함의 영적 후손이고, 하나님의 약속을 받은 동등한 상속자다.

바울이 살던 시대의 입양은 우리 시대의 입양과 전혀 달랐다. 현대 문화에서 입양은 대개 영아 입양이나 아동 입양을 가리킨다. 그러나 그리스-로마 문화에서는 자녀가 없는 남자는 성숙한 청년을 입양해 가문을 잇고 가족의 유산을 물려받게 했다. 또한 유대 문화에서의 입양은 아들이 아버지의 권위와 자원을 물려받을 만큼 성숙한 나이가 되었음을 인정하는 것이었다. 어느 경우든, 가족의 유산이 연관되었다.

바울은 입양을 말하면서 우리가 하나님의 상속자가 되었다는 사실을 강조한다. 그가 로마서 8장 16-17절에서 말하듯이, 우리는 자녀이면 또한 상속자 곧 하나님의 상속자요 그리스도와 함께 한 상속자다. 갈라디아서 3장 15절-4장 7절에서 바울의 요지는 아들이 된다는 것이 상속자가 됨을 뜻한다는 것이다(갈 3:18, 29, 4:1, 7).

우리의 문화는 과거만큼 유산의 개념을 귀하게 여기지 않는다. 전체적으로 경제 상황이 아주 많이 바뀐 것이 주된 이유다. 1세기에 단순한 생존이 얼마나 어려웠을지 생각해 보라. 절대다수가 지금으로 말하면 절대 빈곤층으로 살았고 소유가 거의 없었으며 경제적 여유가 거의 없거나 전혀 없었다. 우리 시대에는 상대적 부유층의 비율이 그때보다 훨씬 높다. 우리 시대에는 상당한 유산이 순자산을 제법 늘려 주는 정도에 그치지만 당시에는 단지 이 정도가 아니었다. 상당한 유산을 물려받으면 인생이 완전히 달라졌다. 근근이 버티는 무의미한 삶에서 벗어나 전혀 다른 삶, 아주 드문 삶, 훨씬 나은 삶으로 올라갔다.

우리가 상속자로서 물려받는 유산(기업)이 이와 같다. 우리가 받는 유산은 남다른 부자의 유산이 아니라 하나님 바로 그분의 유산이다. 성부 하나님이 우리를 입양하셨고, 이 사실 때문에 우리의 미래가 완전히 바뀌었다.

그렇더라도 우리는 아직 유산을 완전히 받지 못했으며 부활의 날에야 그것을 완전히 받을 것이다. 이런 이유로, 바울은 로마서 8장 15-17절에서 입양을 짧게 다룬 후에 소망을 크게 강조한다.

소망. 바울은 소망에 대한 짧은 이야기(롬 8:18-25)를 이렇게 시작한다. "생각하건대 현재의 고난은 장차 우리에게 나타날 영광과 비교할 수 없도다"(롬 8:18).

왜 바울은 소망이라는 주제를 다루면서 먼저 현재의 고난을 말하는가? 어떤 형태로든 고난은 대다수 신자에게 피할 수 없는 운명이기 때문이다.

고난의 숱한 유익 가운데 하나는 우리를 이생이 주는 매력, 심지어 적법한 매력에서 멀어지게 하고 우리의 시선을 영원한 유산으로 돌린다는 것이다.

나는 성인이 된 후 크나큰 기대를 품고 이벤트나 여행을 고대했던 적이 여섯 번 정도 있었다. 그때마다 하나님은 어떤 식으로든 실망이나 심지어 시련을 주셨고 그 이벤트나 여행은 엉망이 되어 버렸다.

왜인가? 하나님은 기쁨의 순간을 향한 우리의 기대가 깨져버리는 것을 기뻐하시는 사디스트인가? 물론 아니다. 나는 하나님의 마음을 알지 못한다. 그러나 이것이 하나님의 방식, 곧 나의 마음이 이생의 정당한 즐거움마저 멀리하고 하늘의 상을 향하게 하는 방식 중 하나라고 생각한다. 바울이 골로새서 3장 2절에서 말하듯이, 하나님은 우리가 위의 것을 생각하고 땅의 것을 생각하지 말길 원하신다.

'소망'(hope)이라는 단어는 일상 어휘에서 대개 희망 사항을 뜻할 뿐이다. 이를테면 "오늘 소풍 가니까 비가 안 왔으면 좋겠다."라는 식이다. 그러나 신약성경에서 소망은 흔히 약속된 영원한 유산에 대한 확신에 찬 기대를 뜻한다(롬 8:24, 히 11:1, 벧전 1:3-4). 베드로는 이 유산이 "썩지 않고 더럽지 않고 쇠하지 아니하는 유업"이며 "너희를 위하여 하늘에 간직하신 것"이라고 말한다(벧전 1:4).

나는 썩어 없어질 유산을 받았을 때 베드로의 말이 무슨 뜻인지 깨달았다. 몇 년 전에 나는 아버지와 새어머니가 오래전에 구입하셨던 집을 상속받았다. 안타깝게도 아버지가 돌아가신 후 새어머니는 어쩌다 보니 그 집을 제대로 관리하지 못하셨고, 집의 기초와 지붕이 크게 파손된 상태로 방치되어 있었다.

그 집을 팔려고 알아봤지만 부동산 중개업자는 그 상태로는 팔 수 없다고 했다. 우여곡절이 많았지만 간단히 말하자면, 나는 많은 돈을 들여 집수리를 마친 후 그 집을 수리비보다 2천 달러 싸게 팔게 되었다.

바울은 우리의 유산은 정반대일 거라고 말한다. 우리가 받는 고난과 우리에게 나타날 영광스러운 유산을 대조하는 부분으로 돌아가 보자.

우리 부모님의 집은 서민 동네에 자리한 데다 허름했다. 그래서 1990년에 내가 그 집을 팔려고 했을 때 희망 가격은 고작 4만 5천 달러 정도였다. 사실 나는 그 집을 두루 수리하는 데 이 정도의 금액을 썼고 결국 2천 달러를 손해 보고 팔았다.

그러나 만약 부모님의 집이 부자 동네에 자리한 데다 멋지기까지 해서 내가 450만 달러에 팔았다고 생각해 보라. 그러면 내가 들인 수리비는 집값의 1퍼센트에 지나지 않았을 것이다. 수리해서 팔아 얻은 이익에 비하면 정말이지 아무것도 아니었을 것이다.

바울은 기본적으로 우리의 영원한 유산을 이렇게 보아야 한다고 말하고 있다. 우리가 이생에서 겪는 고난은 우리가 받을 유산의 영광과 비교할 게 못 된다. 그 영광의 1퍼센트도 안 된다. 바울이 하는 말을 이해하는 데 도움이 되도록 과장법을 사용해서, 만약 내가 그 집을 450만 달러가 아니라 4,500만 달러에 팔았다고 해보자. 그러면 내가 집을 수리하느라 쓴 4만 5천 달러는 내가 얻은 이익과 비교할 게 못 된다. 바울은 우리의 고난과 다가오는 우리의 영광을 이렇게 대비하고 있다.

이생에서 겪는 힘든 일이 주는 아픔과 쓰라림을 낮잡아 보려는 것이 아니다. 성경 말씀에서도 모든 역경의 징계가 당시에는 즐거워 보이지 않고 고통스러워 보인다고 말한다(히 12:11). 바울도 우리의 고난을 낮잡아 보지 않는다. 그는 우리의 고난이 우리가 장차 받을 유산의 영광과 비교할 게 못 된다고 말할 뿐이다. 그는 우리의 아픔을 낮잡아 보는 것이 아니라 우리의 유산을 최대로 강조한다. 하나님의 양자라는 것은 이런 뜻이다.

연쇄 살인범과 그를 입양한 주지사 이야기로 돌아가 보자. 막 사면받은 살인자는 주지사의 가족이 될 뿐 아니라 주지사의 귀중한 재산을 모두 물려받는 상속자가 된다. 사면된 범죄자는 유산을 확보했고, 이 사실만으로도 그의 인생이 바뀌었다. 그러나 그는 아직 자신의 유산을 완전히 소유하거나 누리지는 못한다.

이생에서 우리의 유산은 언제나 미래이기에 우리는 기대에 찬 소망을 품고 그 미래를 고대한다. 이런 점에서 우리도 사면된 범죄자와 비슷하다.

1930년대, 숱한 가정이 어떻게든 먹고 살려고 갖은 애를 쓰던 시절에, 나는 구식 컨트리풍 가스펠 음악이 유행하던 지역에서 자랐다. 나중에 어른이 되어 더 성숙한 눈으로 기독교를 보게 되었을 때, 그 가스펠 음악이 많은 부분에서 깊이가 아주 얕다는 것을 깨달았다. 그러나 그 노래들을 일관되게 관통하는 주제가 있었다. 소망이었다.

숱한 신자들의 삶이 너무나 힘들었기에 소망을 품고 영원한 유산을 고대하는 경향이 있었으며, 이러한 소망이 이들의 음악에 녹아들었다. 이것은 신자들이 끝까지 견디도록 하나님이 도우시고 사랑이 넘치는 그분의 임재 가운데로 인도해 들여 기쁨과 복을 누리게 하시리라는 소망이었다.

오늘 우리는 훨씬 풍요로운 문화를 누리고 살면서 우리의 영원한 유산과 소중한 소망을 사실상 잊어버렸다. 그러나 하나님께서는 우리가 '그리스도 안에' 있는 자로서 갖는 정체성의 한 부분이 되길 원하시는 게 있다. 우리의 영원한 유산을 받을 때에야 우리의 정체성이 완전히 실현되리라는 것을 깨닫는 것이다.

아빠 아버지

바울은 우리가 장차 받을 유산이 우리의 입양에서 비롯된 가장 중요한 결과라고 강조한다. 그러나 이것은 상속자라는 사실이 이생에서 아무 유익도 없다는 뜻이 아니다. 절대 그렇지 않다.

로마서 8장 15절과 갈라디아서 4장 6절에서, 바울은 성령께서 우리에게 "아빠 아버지"라고 부르짖게 하신다고 말한다. '아빠'를 뜻하는 원어(*Abba*)는 아람어이며 가족의 친밀감을 표현하는 용어인데, 주로 유대인 자녀들이 아버지를 부를 때 사용했다. 이 말은 어린아이처럼 의존하는 마음뿐 아니라 아버지가 자신들의 필요를 채워 주리라는 기대감도 내포한다. 이는 예수님이 겟세마네 동산에서 아버지께 기도할 때 사용하신 용어이기도 하다.

바울은 엄격한 유대인 가정에서 자란 것이 분명하다. 사실, 그는 성인일 때 바리새인이 되었다. 그러므로 어렸을 때 아버지를 아빠라고 불렀을 것이다. 그래서 바울은 하나님과 신자들이 누리는 깊은 친밀감을 표현하고 싶을 때면 어린 시절에 사용했던 이 단어로 돌아간다.

또한 그는 로마와 갈라디아에 살며 헬라어를 사용하는 이방인들에게 편지를 쓰고 있기에, 명료하게 하려고, '아버지'로 번역되는 헬라어 **파테르**(*pateer*)를 덧붙인다.

잠시 멈추어 이것이 무슨 뜻인지 생각해 보라. 우리가 아버지라고 부르는 대상은 온 우주의 주권적 창조자요, 유지자요, 통치자이시다. 그분은 도덕적 정결에서도 무한히 거룩하시다. 반대로, 우리는 의존하는 피조물이며 우리의 허물과 죄로 죽었고 하나님의 원수였다.

어떻게 우리가 주권적이고 무한히 거룩하신 하나님을 감히 아버지라 부를 수 있는가? 우리가 그리스도 안에 있어 그분의 무죄한 삶과 죄를 짊어진 죽음에서 그분과 연합되었기 때문이다. 그리스도는 성부 하나님의 참 아들이시다. 그러나 우리가 그리스도 안에 있기에 하나님은 우리도 그분의 아들로 삼으신다.

세계 역사상 어느 종교에서도 아빠라는 친밀한 말로 부를 수 있는 신, 또는 신들이 없었다. 한 분이신 참 하나님을 섬겼던 구약성경의 유대인들조차 하나님을 아버지라고 부르지 않았다. 아브라함과 모세와 다윗과 다니엘 같은 주목할 만한 예외가 있기는 했지만 대다수의 유대인이 하나님과 친밀한 관계를 누리지 못했다.

길을 내다. 구약 시대에 하나님은 성막이나 성전의 지성소에 상징적으로 거하셨다. 오직 대제사장만이 1년에 단 한 번, 속죄일에 희생 제물의 피를 들고서야 지성소에 들어갈 수 있었다. 그러므로 지성소를 지키는 세 가지 제약이 있었다(히 9:7-8).

지성소에는 오직,

1. 대제사장만
2. 1년에 한 번
3. 희생 제물의 피를 가지고 들어갈 수 있었다.

그리스도께서 십자가에서 죽으신 바로 그 순간, 보이지 않는 하나님의 손이 지성소와 성소를 분리하는 휘장을 위에서 아래로 찢었다(마 27:51). 그러므로 이제 새 언약 아래서 첫째와 둘째 제약이 제거되었다.

히브리서 10장 19-23절이 말하듯이, 이제 우리는 모두 하나님께 나아갈 수 있다. 사실 우리는 하나님께 가까이 나아가라고 독려받는다. 우리가 언제든 하나님께 나아갈 수 있다는 뜻이다. 그러나 셋째 제약은 변경되었지만 제거되지는 않았다. 이제 우리는 희생 제물의 피를 가지고 아버지께 나아가지 않는다. 예수님의 피로 나아간다. (실제로, 옛 언약에서 희생 제물의 피만으로 충분했던 것은, 하나님께 그 피는 예수님이 흘리실 피를 상징하고 고대하는 것이었기 때문이다.) 그러므로 우리는 그리스도를 통해, 더 구체적으로는 그리스도와의 연합을 통해, 언제라도 확신을 품고 하나님 곧 우리가 자유롭고 당당하게 아버지라 부르는 분께 나아갈 수 있다.

하나님께 나아갈 때, 우리는 우리의 연약함에 공감하시는 분께 나아간다. 우리는 긍휼하심을 받고 때를 따라 돕는 은혜를 얻기 위하여 은혜의 보좌 앞에 나아간다(히 4:15-16). 우리에게 "너희 염려를 다 맡기라. 이는 내가 너희를 돌봄이라."라고 말씀하시는 분께 나아간다(벧전 5:7). "내가 결코 너희를 버리지 아니하고 너희를 떠나지 아니하리라."라고 말씀하시는 분께 나아간다(히 13:5).

그분께 나아갈 때, 우리는 유대인 어린아이들처럼 "아빠 아버지"라고 외치며 우리가 그분께 의존하는 존재임을 표현할 수 있다. 그분이 우리의 기도를 들으시고 그분의 무한한 지혜와 사랑을 따라 우리에게 응답하시리라고 어린아이들처럼 확신하며 기대할 수 있다.

하나님을 아버지로 대하는 데 어려움이 있는 이들도 있을 것이다. 어쩌면 인간 아버지가 보인 행동 때문에 하나님을 사랑이 넘치고 자애로운 아버지로 보기가 어려울지도 모른다. 그러나 가장 좋은 인간 아버지라도 하늘에 계신 우리 아버지의 무한한 완전하심에 털끝만큼도 미치지 못한다.

사실 하나님은 완전한 순종을 요구하신다. 그런데 예수님이 우리의 대표자로서 우리를 대신해 이미 완전하게 순종하셨다. 그러므로 이제 우리는 하나님 앞에 예수님처럼 의롭게 서 있다. 이것은 좋은 인간 아버지를 두었든 나쁜 인간 아버지를 두었든 그리스도를 구주로 믿는 모든 사람에게 해당된다.

물론 우리가 자신에게 정직하다면, 우리의 삶에서 아주 많은 죄가 여전히 눈에 들어올 것이다. 우리가 영적으로 성장할수록 더 많은 죄가 눈에 들어오는 것 같다. 우리는 본성적으로 성과 지향적이기 때문에 부성애가 넘치는 하나님의 보살핌보다 하나님의 언짢음을 주관적으로 더 느끼는 경향이 있다. 이는 우리가 하나님께 입양되었다는 현실과 그 온전한 의미를 경험하려면 우리가 그리스도 안에서 갖는 정체성을 늘 염두에 두어야 한다는 뜻이다. 이것이 우리의 경향, 곧 우리의 성과를 하나님이 우리를 받아들이시는 수단으로 여기고 이에 초점을 맞추려는 경향에 대응하는 방법이다.

우리는 자신에게 일깨워야 한다. 하나님이 우리를 사랑하시는 것은 우리가 사랑스럽기 때문이 아니라 그리스도 안에 있기 때문이다. 우리가 그분의 아들 안에 있기에 아들을 향한 성부 하나님의 사랑이 우리에게로 넘쳐흐르는 것이다.

해리엇 E. 뷰얼(Harriet E. Buell)이 쓴 '왕의 자녀'(A Child of the King)라는 오래된 찬송이 있다. 때로 나는 그리스도인으로 살아가면서 낙심할 때 이 찬송의 후렴을 혼자 부르곤 한다. "나는 왕의 자녀라." 그러면 낙심이 사라진다. 이 찬송의 한 절만 소개하겠다.

나 이 땅에서 버림받은 나그네였고
스스로 죄인 되고 떠돌이로 태어났으나
입양되어 내 이름 기록되었고
왕궁과 왕관의 상속자 되었네.

나는 하나님의 양자다. 나는 왕의 자녀다.
나는 이생에서 그분과 친밀한 부자 관계를 누릴 특권이 있다.
나는 내가 상상할 수 있는 그 무엇보다 훨씬 더
영광스러운 영원한 유산을
기대에 찬 소망을 품고 고대한다.

아담 안에서, 우리는 죄책과 죄의 지배 아래 있었다.
죄의 지배 아래서, 우리는 하나님께 순종하는 것이 불가능했다.
죄책 아래서, 하나님을 기쁘시게 하는 것이 불가능했다.
그러나 우리는 그리스도의 죽음에서 그분과 연합함으로써
우리에게 드리운 죄책과 죄의 지배에 대하여 죽었다.
우리는 이제 하나님께 순종할 뿐 아니라 하나님을 기쁘시게 할 수 있다.
우리가 아담 안에 가졌던 옛 정체성이 사라졌고
그와 함께 우리를 죄의 지배에 옭아맸던 사슬도 끊어졌다.

5
나는 새로운 피조물이다

앞서 연쇄 살인범의 비유를 들었다. 그가 사형 선고를 받고 집행을 기다리는데 주지사가 그를 입양했다. 당신은 이 비유를 보며 혼자 이렇게 생각했을지 모른다. '이 그림은 뭔가 잘못됐어. 제정신이 박힌 사람이라면 누구라도 연쇄 살인범을 입양해서 집에 들일 생각은 하지 않을 거야.' 옳은 말이다. 그러나 하나님이 우리에게 정확히 이렇게 하셨다. 어떻게 그럴 수 있는가?

일반적으로 우리는 실제로 사람을 죽였거나 흉악한 범죄를 저질렀거나 간음하지 않았다면 우리의 평범한 죄가 주차 위반보다 심각하지 않다고 생각하는 경향이 있다. 우리는 교만과 이기심과 질투와 험담을 비롯한 온갖 '점잖은 죄'와 함께 살아가는 데 아주 익숙해져서 이것이 죄라고 생각조차 하지 않는다.

그러나 사실 우리는 모두 연쇄적인 죄인들로서, 하나님 앞에서 연쇄 살인범과 마찬가지로 죄가 있다. 우리는 매일 생각과 말과 행동과 동기로 죄를 짓는다. 이러한 죄가 우리가 보기에 크든지 작든지 간에, 사실 우리가 짓는 죄는 하나같이 하나님을 반역하는 행위이며 우리를 향한 그분의 주권과 통치권을 거부하고 부정하려는 행위다.

그러나 우리의 무수한 개별적인 죄의 행위보다 훨씬 심각하고 죽음을 부르는 것이 있다. 우리가 그리스도와 분리되어 있다는 사실이다. 우리는 대표자 아담과의 연합을 통해 그의 죄에 가담했기에 모두 연쇄적인 죄인으로 태어나 사형수의 자리에 앉아 영원한 죽음을 기다린다.

복음의 좋은 소식은, 예수님이 우리를 대신해 하나님의 사형수가 되셨고 실제로 우리를 대신해 죽으심으로써 하나님의 공의를 만족시키셨다는 것이다. 그래서 하나님이 그분의 공의를 해치지 않은 채 우리를 완전히 사면(용서)하실 수 있게 되었다는 것이다.

그러나 우리를 용서하신 것이 하나님이 하신 일의 전부라면, 하나님이 우리를 양자와 상속자로 그분의 가정에 들이신다는 것은 전혀 말이 되지 않을 것이다. 그래서 당신은 이렇게 생각했을지도 모른다. '어떻게 주지사가 사형수를 초대해 자기 집에서 살자고 할 수 있단 말인가? 그놈은 살인사의 심장을 가졌다고!'

앞장에서 입양된 살인자의 비유에 이어지는 두 가지 진리를 살펴보았다. 우리는 입양되어 유산을 얻고 하나님과 부자 관계가 된다. 그러나 우리가 반드시 보아야 하는 세 번째 진리가 있다. 하나님은 우리를 사면(용서)하고 입양하심으로써 한 가지 일을 더 하신다. 하나님은 우리를 다른 사람, 곧 새로운 피조물로 바꾸신다. 우리는 그리스도 안에 있기에 새 마음을 얻고 새 영을 얻으며 새로운 정체성(신분)과 새로운 관계를 얻는다.

새 마음, 새 영

주지사가 연쇄 살인범을 위해 절대로 할 수 없을 일을 하나님이 우리를 위해 하셨다. 하나님은 우리의 마음을 철저히 바꾸셨다. 끊임없이 반역하고 불순종하던 우리의 마음을 사랑으로 온전히 순종할 수 있는 마음이 되게 하셨다.

하나님은 그리스도께서 죽으시기 약 600년 전에 이렇게 약속하셨다.

> 또 새 영을 너희 속에 두고 새 마음을 너희에게 주되 너희 육신에서 굳은 마음을 제거하고 부드러운 마음을 줄 것이며 또 내 영을 너희

속에 두어 너희로 내 율례를 행하게 하리니 너희가 내 규례를 지켜 행할지라(겔 36:26-27).

이 구절에서 하나님은 두 가지를 약속하셨다. 우리의 마음을 철저히 바꾸시고, 실제로 그분의 성령을 우리 안에 두어 우리를 격려해서 하나님께 순종할 수 있게 하시겠다는 것이다.

이 약속은 죄가 완전히 추방될 새 하늘과 새 땅에서 최종적으로 실현될 것이다. 그러나 또한 우리가 그리스도를 구주로 믿는 순간 우리 각자에게서 시작된다. 이런 이유로 바울은 확신 있게 말할 수 있었다.

그런즉 누구든지 그리스도 안에 있으면 새로운 피조물이라 이전 것은 지나갔으니 보라 새것이 되었도다(고후 5:17).

바울이 즐겨 사용하는 표현인 '그리스도 안에'가 다시 등장한다. 우리는 오로지 그리스도와의 연합을 통해 새로운 피조물이 될 수 있다. 바울은 "이전 것은 지나갔으니"라고 하면서 아담 안에 있던 우리의 옛 정체성을 언급한다. 그는 이 정체성이 완전히 사라졌다고 말한다. 더는 우리의 정체성이 아니고 더는 우리에게 적용되지 않는다. 로마서 6장 1-14절이 이것을 가장 잘 설명한다.

새로운 정체성, 새로운 관계

다들 인정하듯이 로마서 6장은 이해하기 어렵다. 지난 반세기 동안 주석가들은 바울이 로마서 6장에서 말하고 있다고 생각하는 바를 수백 페이지에 걸쳐 썼다. 나는 로마서 6장과 관련해 가장 널리 수용되는 이해를 지지하는데, "이전 것은 지나갔으니"라는 바울의 말이 왜 그리스도 안에 있는 우리에게 적용되는지를 가장 잘 설명하고 있다.

로마서 6장의 배경은, 로마서 5장 20절에 나오는 "죄가 더한 곳에 은혜가 더욱 넘쳤나니"라는 바울의 말이다. 뒤이어 바울은 질문을 예상한다. "은혜를 더하게 하려고 죄에 거하겠느냐"(롬 6:1). 그는 아주 강하게 답한다. "그럴 수 없느니라 죄에 대하여 죽은 우리가 어찌 그 가운데 더 살리요"(롬 6:2).

여기서 바울은 자신의 질문이 암시하는 태도, 곧 죄를 대수롭지 않게 여기는 태도를 꾸짖는 게 아니다. 오히려 그리스도인이 계속해서 죄 가운데 있기란 불가능하다고 말하는 것이다.

왜 불가능한가? 우리는 그리스도의 죽음에서 그분과 연합함으로써 죄에 대하여 죽었기 때문이다(롬 6:6–8). "우리의 옛사람이 예수와 함께 십자가에 못 박힌"(롬 6:6) 점에서 우리는 죄에 대하여 죽었다. 여기서 우리의 '옛사람'이란 아담 안에 있던 우리다.

아담 안에서, 우리는 죄책과 죄의 지배 아래 있었다. 죄의 지배 아래서, 우리는 하나님께 순종하는 것이 불가능했다. 죄책 아래서, 하나님을 기쁘시게 하는 것이 불가능했다(롬 8:7-8).

그러나 우리는 그리스도의 죽음에서 그분과 연합함으로써 우리에게 드리운 죄책과 죄의 지배에 대하여 죽었다. 우리는 이제 하나님께 순종할 뿐 아니라 하나님을 기쁘시게 할 수 있다. 우리가 아담 안에 가졌던 옛 정체성이 사라졌고, 그와 함께 우리를 죄의 지배에 옭아맸던 사슬도 끊어졌다.

그러므로 "그럴 수 없느니라 죄에 대하여 죽은 우리가 어찌 그 가운데 더 살리요"(롬 6:2)라고 쓸 때, 바울은 본질적으로 "어떻게 감히 그런 일을 상상한단 말인가!"라고 말했던 게 아니다. 그는 오히려 이렇게 말했다. "절대로 그럴 수 없어요. 그런 일은 일어날 수 없다고요!"

그렇다. 우리는 계속해서 죄를 지을 수는 있어도 계속해서 '죄 가운데' 있을 수는 없다. 우리는 이제 아담 안에 있지 않기 때문이다. 바울은 도덕적 질책을 하는 게 아니다. 굳건한 신학적 선언을 한 것이다.

고린도후서 5장 17절에서 "이전 것은 지나갔으니"라고 할 때, 바울은 우리가 아담 안에서 가졌던 정체성이 영원히 사라졌다고 말하고 있다. 우리의 옛 정체성은 죽었다. "새것이 되었도다"는 우리가 그리스도 안에서 갖는 새로운 정체성을 말한다. 우리는 그리스도를 통해 하나님과 완전히 새로운 관계를 갖는다.

이 정체성은 꼬리표에 불과한 게 아니다. 우리가 진정 누구인지를 정의한다. 하나님이 우리의 돌 같은 마음을 제거하시고 우리에게 영적으로 살아 있고 그분께 반응하는 마음을 주셨다는 뜻이다.

이 철저한 변화, 아담 안에 있던 존재에서 그리스도 안에 있는 존재로 바뀌는 변화는 우리 자신의 힘으로 일으킬 수 있는 것이 아니다. 하나님이 홀로 이렇게 하셨다. 당신이 그리스도를 구주로 믿는 순간 아담 안에 있던 당신은 죽었다. 당신은 그리스도와 함께 십자가에 못 박혔다. 당신은 이제 그리스도 안에 있으며, 그리스도와 연합함으로써 마음의 기본 성향이 바뀌었다. 이런 이유로 하나님은 당신을 그분의 영적 가정에 들이고 그분의 자녀로 입양하실 수 있다.

새로운 삶의 길

그러나 로마서 6장은 신학만을 말하는 건 아니다. 바울은 우리에게 이론을 가르치는 것으로 만족하지 않는다. 그는 우리가 완전히 바뀐 정체성에 맞게 행동하길 원한다. 그 방법은 이 진리를 일상생활에 적용하는 것이다. 그래서 바울은 로마서 6장 11절에서 이렇게 말한다. "이와 같이 너희도 너희 자신을 죄에 대하여는 죽은 자요 그리스도 예수 안에서 하나님께 대하여는 살아 있는 자로 여길지어다." 바울이 이 구절에서 사용하는 '여기다.'라는 단어는 '특히 행동과 관련해 주의 깊게 생각하다.'라는 뜻으로 이해하는 것이 가장 좋다.

바울은 우리가 깨닫길 바란다. 우리는 그리스도 예수와 연합함으로써 죄의 지배와 속박에서 벗어났을 뿐 아니라 그분의 생명에서도 예수님과 연합했다. 다시 말해, 우리는 죄를 향해서는 죽었고 하나님을 향해서는 살아 있다. 우리는 포도나무 곧 그리스도에 붙은 가지이며, 이 때문에 그분 안에 있는 영적 생명과 활력에 참여한다.

고린도후서 5장 17절의 "새것이 되었도다"가 바로 이런 뜻이다. 로마서 6장에서, 바울은 말한다. 이 모든 '새것'은 정착되고 확립된 변할 수 없는 사실이지만 그와 동시에 우리가 계속해서 생각하고 행동의 토대로 삼아야 하는 것이다.

이런 이유로 로마서 6장 12절에서, 바울은 곧바로 행동 단계를 덧붙인다. "그러므로 너희는 죄가 너희 죽을 몸을 지배하지 못하게 하여 몸의 사욕에 순종하지 말고."

결국 우리는 합당하게 물을 수 있다. "우리가 진정 죄의 지배로부터 해방되었고 죄가 더는 우리를 지배하지 못한다면, 왜 우리는 죄가 우리의 죽을 몸을 지배하지 못하도록 부지런히 애써야 하는가? 이렇게 하면 실제로 무엇이 달라지는가?"

신약성경은 매우 분명하게 말한다. 이렇게 하면 엄청나게 달라진다. 우리는 지금 우리 안에 남아 있는 부패에 맞서 영적 게릴라전을 펼치고 있다. 우리가 어떻게 싸우느냐에 따라 게릴라전은 우리 자신에게, 다른 사람들에게, 하나님의 영광에 실제적인 결과를 낳는다. 바울은 갈라디아서 5장 17절에서 이 게릴라전을 이렇게 묘사한다.

> 육체의 소욕은 성령을 거스르고 성령은 육체를 거스르나니 이 둘이 서로 대적함으로 너희가 원하는 것을 하지 못하게 하려 함이니라.

우리는 죄의 절대 속박에서 해방되었으나 죄의 존재와 영향에서 해방되지는 않았다. 죄는 우리 안에 있는 한 우리를 다시 지배하려 든다. 죄는 이 일에 절대로 완전하게 성공할 수 없지만, 우리의 삶을 훨씬 더 어렵고 고통스럽게, 훨씬 덜 풍성하게 할 수 있다.

흠이 있지만 도움이 될 만한 비유가 있다. 포로수용소를 생각해 보라. 만약 전쟁 포로들이 어떻게 해서 경비병들을 제압하고 무기를 탈취해서 적에 맞서 게릴라전을 펼치기 시작했다고 하자. 이들은 전쟁 포로의 속박에서 벗어났지만 여전히 적진에 있으며 다시 포로로 잡힐 수도 있는 매우 위험한 처지다. 그러므로 이들은 정신을 바짝 차리고 적을 피하려는 노력을 게을리하지 말아야 한다. 또한 필요할 때는 방어 작전을 펼칠 준비가 되어 있어야 한다.

우리에게는 쉼 없이 대적하는 원수가 있다. 이것이 사실이 아닌 것처럼 산다면 어리석을 뿐이다. 우리는 죄의 지배에서 벗어났지만 죄는 여전히 우리를 무너뜨리려 한다. 따라서 우리는 죄의 공격에 대비해 잠시라도 경계를 늦추지 말아야 한다. 또 우리의 몸과 마음에서 날마다 고개를 쳐드는 죄를 죽이기 위해 하나님의 성령을 따라 조처해야 한다(롬 8:13).

바울은 우리가 기억하길 원한다. 우리는 죄의 속박에서 벗어났으므로 유혹에 "아니오!"라고 말할 수 있다. 우리가 죄를 짓는 게 불가능해지는 건 영원에서겠지만 구체적인 유혹에 반응해서 죄를 짓지 않는 것은 항상 가능하다. 우리는 죄를 짓기로 선택할 수 있고 선택하기 일쑤지만 죄를 꼭 지어야 하는 것은 아니다.

우리가 아담 안에서 죄의 지배 아래 있었을 때는 유혹받을 때마다 죄를 짓는 것 외에 다른 선택이 없었다. 물론 이것은 예를 들어 구원받지 못한 사람이 간음의 유혹을 받을 때마다 간음한다는 말이 아니다. 구원받지 못한 사람은 어떤 식으로든 죄가 유혹할 때마다 반응해서 그 어떤 죄를 짓는다는 말이다. 그러나 우리가 그리스도 안에 있으면 죄에 "아니오!"라고 말할 수 있으며, 이것은 우리가 회심 전에는 갖지 못했던 능력이다. 회심 전에는 아담 안에 있었기 때문이다.

우리가 죄의 지배에 대하여 죽었다는 사실은 그저 잘 모셔 놓고 감탄할 진리가 아니다. 반드시 날마다 활용해야 하는 진리다.

우리가 실패할 때

우리는 그리스도 안에서 새로운 정체성을 가졌지만 안타깝게도 이 정체성을 이용하지 못하기 일쑤다. 갈라디아서 5장 17절에서 보듯이, 육신은 계속해서 성령에 맞서려 하고 종종 우리의 삶을 장악한다.

그러면 우리는 어떻게 해야 하는가? 우리의 죄를 십자가 앞에 내어놓고 예수님이 지금 우리가 부끄러워하는 바로 그 죄 때문에 죽으셨다는 사실을 기억해야 한다. 더 나아가, 우리가 굴복한 바로 그 유혹에서 예수님은 그분의 인성으로 순종하셨다. 그분은 모든 면에서 우리와 똑같이 유혹받으셨지만, 죄가 없으셨다.

이 때문에 자신이 그리스도 안에서 죄에 대하여 죽었고 하나님께 대하여 살아 있음을 기억하는 것이 중요하다. 다시 말해, 우리가 그리스도의 죽음에서 죄의 지배뿐 아니라 죄책에 대해서도 죽었음을 믿는 게 중요하다. 예수님이 우리 죄를 향한 하나님의 공의를 완전히 만족시키셨기에 하나님은 이제 우리의 죄를 우리에게 돌리지 않으신다.

그러나 우리가 하나님의 인내와 용서를 소진했다고 느끼고 싶은 유혹을 받을 때 끈질긴 죄의 패턴과 벌이는 싸움은 어떠한가? 이럴 때도 그리스도의 보혈이 씻지 못할 죄는 없음을 알고 또 믿으며, 뉘우치고 회개하는 태도로 그 죄를 십자가 앞에 내어놓아야 한다. 하나님이 이사야 1장 18절에서 말씀하셨듯이 말이다.

너희의 죄가 주홍 같을지라도 눈과 같이 희어질 것이요 진홍같이 붉을지라도 양털같이 희게 되리라.

우리의 삶에 남아 있는 죄에 대한 책임, 곧 죄책을 먼저 처리하지 않으면 우리는 그 죄의 힘에 저항할 수 없다. 이 죄책을 처리하는 유일한 방법은 계속해서 십자가로 돌아가 예수님이 그 죄를 지고 죽으심으로써 그 죄의 값을 지불하셨다는 사실을 보는 것이다.

우리는 참으로 그리스도 안에서 새로운 피조물이다. 아담 안에 있던 우리의 옛사람은 죽었다. 그리스도 안에서 우리는 새사람이 되었다. 그런데도 마치 아담 안에 있던 우리의 옛사람이 여전히 생생하게 살아 있는 것처럼 보이기 일쑤다. 하지만 그것은 우리의 진짜 정체성(신분)이 아니라 성령을 거스르는 육체다. 우리의 진짜 정체성은 그리스도 안에 있다. 성령께서 우리에게 적용하신 그분의 능력을 통해, 우리는 우리의 정체성뿐 아니라 매일의 경험에서도 새로운 피조물이 되는 일에 진전을 이룰 수 있다.

자신을 시험하라

그러나 이 진리에 관한 냉정한 질문이 있다. 우리는 그리스도 안에서 새로운 피조물이라는 증거를 실제로 보여주는가? 사도 바울이 고린도 신자들에게 했던 말이 우리에게도 적용된다.

> 너희는 믿음 안에 있는가 너희 자신을 시험하고 너희 자신을 확증하라 예수 그리스도께서 너희 안에 계신 줄을 너희가 스스로 알지 못하느냐 그렇지 않으면 너희는 버림받은 자니라(고후 13:5).

다음 질문들이 자신을 점검하는 데 도움이 될 것이다.

- 나는 하나님께 대해 어떤 태도를 보이는가? 나는 하나님을 향한 나의 의존과 책임을 기꺼이 인정하는가?

- 나는 나의 죄에 대해 어떤 태도를 보이는가? 나는 나의 죄를 걱정하는가 아니면 나의 죄에 무관심한가?
- 나는 예수 그리스도께 대해 어떤 태도를 보이는가? 나는 그분이 나의 죄 때문에 십자가에서 죽으셨다고 믿는가?
- 나는 성경에 대해 어떤 태도를 보이는가? 나는 성경을 진정으로 더 잘 이해하고 나의 삶에 더 많이 적용하려 하는가?
- 나는 기도에 대해 어떤 태도를 보이는가? 나는 내 삶의 이 부분에서도 성장하길 원하는가 아니면 기도를 이따금 하나님께 도움을 구하는 것으로 보는 데 만족하는가?
- 나는 다른 그리스도인들에 대해 어떤 태도를 보이는가? 나는 다른 그리스도인들과 함께 있고 그들에게서 배우는 것에 감사하는가 아니면 비그리스도인 친구들과 함께하는 것과 그들의 생활 방식을 실제로 더 좋아하는가?

이것은 우리가 정직하게 답하려 애써야 하는 중요한 질문들이다. 이 질문들을 무시하거나 정직하지 않게 답한다면 너무나 위험하다. 우리의 영원한 운명이 걸려 있으며, 영원은 영원하기 때문이다. 영원은 끝이 없다. 우리는 모두 하나님의 복된 임재 가운데 영원을 보내거나, 절대로 끝나지 않을 하나님의 저주와 진노 아래서 영원을 보내게 된다.

따라서 우리 각자가 정직하게 마주해야 하는 질문이 있다. 내가 새로운 피조물이라는 증거가 있는가? 우리는 이렇게 말할 수 있는가? "네, 저는 남아 있는 죄와 여전히 싸우고 있으며 빈번하게 실패합니다. 그러나 이 질문들을 마주하면서, 비록 갈 길이 멀지만 올바른 방향으로 가고 있다고 정직하게 말할 수 있습니다."

우리는 이렇게 자신을 먼저 살핀 후에, 스스로 그리스도인이라고 여기지만 새로운 피조물이라는 증거를 거의 혹은 전혀 보여주지 못하는 친구들과 친척들에게도 관심을 가져야 한다. 적어도 하나님이 이들을 참된 구원의 지식, 곧 그리스도를 아는 지식으로 인도하시도록 기도해야 한다. 그런 다음, 그들과의 관계 속에서 그들이 자신을 점검하도록 부드럽게 독려할 수 있다.

특권과 책임

이 책의 '들어가는 글'에서 나는, 그리스도 안에서 우리가 갖는 정체성은 특권과 책임을 포함한다고 말했다. 이것은 이 장의 주제에도 확실하게 적용된다.

특권. 우리는 그리스도 안에서 의롭게 되었고, 입양되었으며, 새로운 피조물이다. 그러나 이러한 우리의 위치는 기본적으로 특권이다. 하나님은 그리스도를 통해 이 모두를 이루셨다. 아담 안에 있던 우리는 우리의 죄책 및 죄에 대한 속박과 더불어 십자가에서 그리스도와 함께 못 박혀 죽었다. 우리는 이제 우리 안에 거하시는 그분의 성령을 통해 하나님께 대하여 살아 있다. 우리는 죄를 지을 필요가 없다. 우리의 육신이나 세상이나 마귀의 유혹에 "아니오!"라고 말할 수 있다.

책임. 우리의 바르고 적절한 반응은 우리 자신에 관한 이 진리를 믿고 기뻐하며 이 진리 안에서 사는 것이다. 죄가 우리의 몸을 지배하도록 두어서는 안 된다(롬 6:12). 죄가 우리를 장악하게 두었다면, 곧바로 이것을 고백하고 회개하며 십자가 앞에 내어놓고 그리스도의 피의 능력, 곧 정결하게 하는 능력을 경험해야 한다. 죄책을 먼저 처리하지 않으면 죄의 능력을 처리할 수 없다. 우리는 죄책을 십자가에서 처리한다.

나는 하나님 앞에서
새 마음과 새 영과 새 정체성을 가진 새로운 피조물이다.
죄의 지배에서 벗어나 그리스도와 연합했기에
유혹을 물리칠 능력이 항상 있다.
내가 죄를 지을 때 십자가에서는 용납된다.
나의 모든 죄가 예수님 안에서 용서되었기 때문이다.

우리가 복음의 진리를 믿고 그리스도를 구주로 믿는 것은
구별하시는 성령의 일 때문이다.
그러므로 성령의 일은 우리를 그리스도와 연합시키는 것이다.
그리스도는 죄 없는 삶과 죽음으로 하나님 앞에서 우리의 대표자일 뿐 아니라
우리가 포도나무에 접붙여질 때 우리의 새로운 영적 생명의 원천이기도 하다.
이것은 거룩하게 하시는 성령의 일이 단순히 죄인에서 성도로
이름표를 바꾸는 것에 그치지 않음을 뜻한다. 이것은 마음의 변화다.
그러므로 정도의 차이는 있더라도 거룩하게 하시는 성령의 일이
그리스도를 구주로 믿는 모두에게 반드시 나타나야 한다.

6
나는 성도다

성인/성도(saint)는 가장 널리 오해되는 기독교 어휘 중 하나다.

교회사의 어느 시점에서, 사람들은 신약성경에서 사용되던 이 단어의 평범한 의미와는 반대로, 사도들을 성인이라고 부르기 시작했다. 그래서 이들을 성 바울, 성 베드로, 성 안드레 같은 이름으로 부른다. 로마 가톨릭 전통에서는 특별한 성취를 이룬 사람들을 때로 성인으로 지정한다. 우리 복음주의자들은 흔히 성인을 특별히 경건하고 거룩한 사람들이라고 생각한다.

하지만 진리는 모든 신자가 성도라는 것이다. 이런 이유로, 바울은 그의 서신에서 인사말을 할 때 "에베소에 있는 성도들…에게"와 같은 문구를 자주 넣는다(엡 1:1, 빌 1:1, 골 1:2). 심지어 신학적으로나 도덕적으로 엉망인 고린도 교회에 쓴 편지에서도 "고린도에 있는 하나님의 교회 곧 그리스도 예수 안에서 거룩하여지고 성도라 부르심을 받은 자들…에게"(고전 1:2)라고 한다.

사실, 성도 됨은 영적 성취가 아니며, 이런 성취를 인정하는 것도 아니다. 오히려 성도는 하나님이 모든 신자에게 부여하시는 어떤 상태나 신분이다. 모든 그리스도인은 성도다.

우리가 짧고 간단한 이 단어를 너무나 자주 오해한다는 사실은 매우 안타까울 뿐 아니라 유익하지도 않다. 모든 그리스도인에게 적용되는 이 단어를 마치 특별한 엘리트 계층의 그리스도인들이 있음을 암시하는 식으로 사용한다면 배나 잘못된 것이다. 중요한 여러 진리, 곧 하나님이 성도 개념을 통해 전달하게 하신 진리를 교회로부터 빼앗는 것이기 때문이다. 또한, 있지도 않은 계급을 암시함으로써 그리스도의 몸 안에 질투와 분열을 조장하게 된다. 그러면, 성도란 실제로 무엇인지 살펴보자.

그리스도의 소유

'성도'(saint)와 밀접하게 연관된 단어로 '거룩하게 하다.'(sanctify)와 '거룩하게 하심'(sanctification, 성화)이 있다. 이 세 단어는 각각 헬라어 하기오스(*hagios*), 하기아조(*hagiazo*), 하기아스모스(*hagiasmos*)에 해당하며, 모두 같은 헬라어 어족에서 왔다. 이런 이유로, 바울은 고린도 신자들에게 편지하면서 그들을 "그리스도 예수 안에서 거룩하여지고 성도라 부르심을 받은 자들"(고전 1:2)이라고 부른다. 그러므로 성도는 거룩하게 된 사람이다.

당신이 신자가 된 지 제법 오래되었다면 이렇게 생각할지 모른다. '하지만 성화는 과정, 즉 더 거룩해지는 과정이 아닌가?' 그렇다. 그러나 그것이 성화의 전부는 아니다.

동사 '거룩하게 하다.'의 기본 의미는 '구별하거나 분리하다.'이다. 성도는 구별된 사람이다. 무엇을 위해 구별되었는가? "누구를 위해 구별되었는가?"라고 묻는 게 더 낫겠다. 대답은 "하나님을 위해서."이다.

바울과 베드로는 그리스도인들을 가리킬 때 둘 다 동일하게 '그의 소유가 된 백성'(a people for his own possession)이라는 표현을 사용한다. 바울은 "그(그리스도)가 우리를 대신하여 자신을 주심은 모든 불법에서 우리를 속량하시고 우리를 깨끗하게 하사 선한 일을 열심히 하는 자기 백성이 되게 하려 하심이라"(딛 2:14)라고 말한다. 또 베드로는 "너희는 택하신 족속이요 왕 같은 제사장들이요 거룩한 나라요 그의 소유가 된 백성이니"(벧전 2:9)라고 말한다.

이 표현이 성도가 의미하는 바의 핵심이다. 우리는 그리스도의 소유가 되도록 구별되었다.

이것은 소유권에 대한 용어다. 성도로서 우리는 더 이상 자기 마음대로 살 자유가 있다는 의미에서 자신을 소유하지 않는다. 오히려 바울이 고린도전서 6장 19-20절에서 말하듯이, "너희는 너희 자신의 것이 아니라 값으로 산 것"이다.

성도는 더는 자신에게 속하거나 자신을 소유한 사람이 아니다. 이제 성도의 삶에 붙은 이름은 그가 지금껏 불리던 이름이 아니다. 모든 그리스도인의 삶의 주인은 예수 그리스도이시다. 그리스도가 주님이시라는 것이 바로 이런 뜻이다.

우리는 그리스도가 우리 삶의 주님이심을 자주 말한다. 사실 내가 손주들을 위해 가장 자주 드리는 기도는, 그들이 그리스도를 자신의 구주로 믿고 자신의 주님이신 그분께 순종하길 구하는 기도다. 그러므로 주님이심은 좋은 용어지만 우리가 이것을 진정한 의미 그대로 말한다면 이 용어를 더 잘 이해할 수 있을 것이다. 주님이심은 그리스도가 우리 삶의 주인이란 뜻이다.

오늘의 기독교 문화에서, 이것은 노골적으로 불쾌감을 일으키는 개념은 아니더라도 사실상 급진적인 개념이다. 우리는 우리가 하나님께 무엇을 드리기로 어떻게 선택할 수 있는지에 대해 자주 얘기하곤 한다. "나는 내 시간이나 내 돈의 일부를 드린다."라고 한다. 이러한 종류의 언어는 분명한 암시를 담고 있다. 나의 모든 소유가 나의 것일 뿐 아니라 나 또한 전적으로 나의 것이라는 암시다. 나는 나의 시간과 나의 에너지와 나의 자원을 어떻게 투자할지 스스로 선택하며 살아간다는 것이다.

그러나 성경의 관점은 완전히 다르다. 그것들 가운데 단 하나도 당신의 소유가 아니다. 실제로 당신은 자신의 소유가 아니다. 당신은 값을 주고 산 것이며, 그 값이란 하나님의 아들이 당신을 구원하려고 흘리신 그분의 피다. 값으로 산 것이기에, 당신은 이제 당신의 것이 아니다.

당신의 시간과 돈을 어떻게 쓸지 매일 작은 결정을 내릴 때마다 주님께 허락을 구해야 한다는 뜻이 아니다. 그게 아니다. 하나님은 우리에게 스스로 결정하고 선택하도록 많은 자유를 주셨다(예를 들면, 롬 14:1-12).

그러나 내 말은 우리 모두 자신의 행동과 결정이 우리의 주인이신 주 예수 그리스도를 기쁘시게 하는지 더 신중하게 생각해야 한다는 뜻이다. 성경은 말한다. "그런즉 너희가 먹든지 마시든지 무엇을 하든지 다 하나님의 영광을 위하여 하라"(고전 10:31). 내가 무엇을 하든 하나님의 영광을 위해 해야 한다. 삶 전체가 여기에 포함된다.

예를 들면, 바울이 골로새 교회의 종들에게 하는 말에 주목하라. "무슨 일을 하든지 마음을 다하여 주께 하듯 하고 사람에게 하듯 하지 말라…너희는 주 그리스도를 섬기느니라"(골 3:23-24).

바울은 종들에게 말하지만 그의 말 뒤에 자리한 원리는 고용주와 고용인의 관계에도 똑같이 적용된다. 당신이 대기업의 유망한 젊은 임원이라고 하자. 당신은 더 큰 책임을 맡고 이에 상응해 연봉이 올라가길 간절히 바란다. 이런 맥락에서, 당신 삶의 실제 주인은 누구인가? 당신인가 아니면 그리스도인가? 당신이 승진을 간절히 바라는 것은 자신의 이익을 위해서인가 아니면 그리스도의 영광을 위해서인가?

이것은 하나의 예일 뿐이다. 그러나 이 원리는 삶의 모든 부분에 적용된다. 우리 성도는 이제 우리의 것이 아니라 그리스도의 것이라는 사실이 삶을 보는 우리의 시각 전체를 물들여야 한다.

성령의 일

성도를 보는 더 일반적인 시각이자 실상 잘못된 시각은, 이것이 그리스도인의 삶에서 일종의 둘째 단계라고 보는 것이다.

그리스도인 됨에 전력을 다하려는 사람들은 정말로 열심히 노력하면 사람들이 성도(성인)라고 부를 만한 사람이 될 수 있다. 이런 시각을 견지하는 그리스도인들에게는, 내가 전달하려는 성도의 정의, 곧 간결한 성경의 정의가 이상하거나 급진적인 것으로 다가온다. 복음에서 본질적이고 피할 수 없는 부분인데도 말이다. 사실, 이렇게 성령의 역사로 그리스도의 소유가 되도록 '구별됨'이 우리의 구원 경험의 중심에 있다. 다음 두 구절을 생각해 보라.

> 주께서 사랑하시는 형제들아 우리가 항상 너희에 관하여 마땅히 하나님께 감사할 것은 하나님이 처음부터 너희를 택하사 성령의 거룩하게 하심과 진리를 믿음으로 구원을 받게 하심이니 이를 위하여 우리의 복음으로 너희를 부르사 우리 주 예수 그리스도의 영광을 얻게 하려 하심이니라(살후 2:13-14).

> 예수 그리스도의 사도 베드로는 본도, 갈라디아, 갑바도기아, 아시아와 비두니아에 흩어진 나그네 곧 하나님 아버지의 미리 아심을 따라 성령이 거룩하게 하심으로 순종함과 예수 그리스도의 피 뿌림을 얻기 위하여 택하심을 받은 자들에게 편지하노니 은혜와 평강이 너희에게 더욱 많을지어다(벧전 1:1-2).

주목하라. 두 구절에서 베드로와 바울 둘 다 거룩하게 하시는 성령의 일을 우리의 구원과 연결한다. NIV는 데살로니가후서 2장 13절을 이렇게 옮겼다. "하나님이 거룩하게 하시는 성령의 일을 통해, 그리고 진리를 믿음을 통해 구원받도록 너희를 선택하셨다."

그리고 베드로전서 1장 2절은 이렇게 옮겼다. "(너희는) 하나님 아버지의 미리 아심을 따라, 거룩하게 하시는 성령의 일을 통해, 예수 그리스도께 순종하고 그분의 피 뿌림을 받기 위해 선택되었다."

두 구절 모두에서, 거룩하게 하시는 성령의 일은 그리스도인의 삶에서 절대 둘째 단계가 아니다. 사실상 첫째 단계다. 우리가 실제로 복음의 진리를 믿고 그리스도를 우리의 구주로 믿는 것은, 구별하시는 성령의 일 때문이다.

- 우리는 우리의 죄로 죽었으나 성령께서 우리를 살리셨다(엡 2:1, 4).
- 우리는 사탄의 권세 아래 있었으나 성령께서 우리를 구해 내셨다(행 26:18).
- 우리는 흑암의 권세 아래 있었으나 성령께서 우리를 건져 내셨다(골 1:13).
- 사탄이 우리의 마음을 혼미하게 했으나 성령께서 진리를 향해 우리의 마음을 여셨다(고후 4:4-5).

그렇다. 우리는 복음을 믿는다. 그러나 우리가 복음을 믿는 것은 그리스도의 소유가 되도록 성령께서 우리를 구별하셨기 때문이다. 그렇다. 우리는 예수 그리스도를 믿음으로써 그분께 순종한다. 그러나 우리가 이렇게 하는 것은 구별하시는 성령의 일 때문이다. 거룩하게 하시는 하나님의 일이 없으면 구원도 없다.

바로 앞에서 살펴본 구절 가운데 하나인 고린도전서 1장 2절로 돌아가면, 우리가 그리스도 예수 안에서 거룩하게 된다는 것도 알 수 있다. 기억하라. '그리스도 안에'라는 것은 바울이 우리와 그리스도의 연합을 간략하게 줄여 표현한 것이다.

그러므로 성령의 일은 우리를 그리스도와 연합시키는 것이다. 그리스도는 죄 없는 삶과 죽음으로 하나님 앞에서 우리의 대표자일 뿐 아니라 우리가 포도나무에 접붙여질 때 우리의 새로운 영적 생명의 원천이기도 하다. 이것은 거룩하게 하시는 성령의 일이 단순히 죄인에서 성도로 이름표를 바꾸는 것에 그치지 않음을 뜻한다. 이것은 마음의 변화다. 그러므로 정도의 차이는 있더라도 거룩하게 하시는 성령의 일이 그리스도를 구주로 믿는 모두에게 반드시 나타나야 한다.

점진적 성화

식물이든 동물이든 사람이든 성숙에 이르도록 성장하는 것은 생명의 본성이다. 우리가 하나님에게서 받은 영적 생명도 마찬가지다. 중요한 차이가 있다면, 이생에서는 완전한 영적 성숙에 절대로 이르지 못한다는 것이다. 이러한 영적 성장을 '성화'(sanctification)라고 한다.

그런데 지금까지 이 장의 주제였던 성령에 의한 한 시점에서의 성화와 구별하기 위해 어떤 이들은 '점진적 성화'(progressive sanctification)라는 용어를 사용한다. 여기서 '점진적'(progressive)이라는 말은 진보나 성장을 암시하며, 이 주제는 신약성경의 서신서에서 거듭 나타난다. 이에 관해서는 의문의 여지가 없다. 우리는 영적 성숙을 추구해야 한다.

점진적 성화를 다룬 책을 수많은 사람이 썼다. 나도 여러 권 썼다. 이 주제를 논하는 것은 이 장의 주제를 한참 벗어나기에 여기서는 두 가지만 언급하겠다.

- 우리를 '성도'가 되게 하는 결정적인 한 시점의 성화는 순전히 성령의 일이다. 우리는 성령의 전능한 일에 아무것도 기여하지 않는다. 이 성화에서 우리는 모두 똑같이 성화된다(거룩해진다).
- 이와는 대조적으로, 점진적 성화는 우리의 더없는 노력을 포함한다. 그러나 그 노력은 성령의 인도를 받고 성령께 힘을 얻어야 한다. 이 성화는 신자마다 수준이 다르며, 앞서 말했듯이 이생에서는 절대로 완성되지 못한다.

성도의 삶을 사는 동기

성도, 곧 그리스도 예수께 소유된 자로 산다는 것은 대부분이 익숙하게 생각하는 것보다 훨씬 급진적인 것이다. 그렇다면 우리가 성도로 살도록 동기를 부여하는 것은 무엇인가? 마땅히 되어야 할 존재가 되고 싶게 하는 것은 무엇인가? 답은 복음에 나타나듯이 하나님이 그리스도 안에서 우리를 위해 행하신 일에 대한 사랑과 감사다.

언젠가 예수님은 스스로 의롭게 여기는 바리새인에게 "사함을 받은 일이 적은 자는 적게 사랑하느니라"(눅 7:47)라고 말씀하셨다. 그 반대도 분명히 참이다. 많이 용서받은 자는 많이 사랑한다.

그러므로 우리 각자가 물어야 할 질문은 이것이다. 스스로 깨닫기에 우리는 얼마나 많이 용서받았는가? 만약 우리가 저지르지 않는 더 흉악한 죄를 기준으로 죄를 정의한다면, 우리는 자신의 죄나 자신이 받은 용서를 거의 깨닫지 못할 것이다. 그러면 그리스도를 향한 사랑도 거의 느끼지 못할 것이다.

그러나 성도가 그리스도의 소유된 자를 의미한다는 사실을 진정으로 깨닫고 우리가 이 사실에 전혀 미치지 못하게 살고 있음을 인정한다면, 우리가 얼마나 많이 용서받았는지 보이기 시작할 것이다. 복음의 좋은 소식은 우리가 자신을 위해 산 죄, 곧 우리 사랑의 소유권을 그리스도에게서 사실상 훔친 죄를 참으로 용서받았다는 것이다.

바울은 로마 신자들에게 보내는 편지의 4분의 3을 할애해 복음에 나타난 하나님의 자비를 설명한 후 이렇게 말한다.

> 그러므로 형제들아 내가 하나님의 모든 자비하심으로 너희를 권하노니 너희 몸을 하나님이 기뻐하시는 거룩한 산 제물로 드리라 이는 너희가 드릴 영적 예배니라(롬 12:1).

사실상 바울은 이들에게, 그리고 우리에게 호소하고 있다. 우리의 몸, 우리의 전부를 그분께 날마다 산 제물로 드림으로써 그리스도의 소유권을 인정하라는 것이다.

그러나 우리가 이렇게 하는 것은 하나님의 자비 때문이어야 한다. 우리의 사랑과 감사는 우리를 향한 하나님의 사랑과 자비에 대한 반응 외에 다른 것일 수 없다.

그러므로 우리는 또다시 보게 된다. 우리가 그리스도 안에서 갖는 정체성, 곧 "나는 누구인가?"라는 질문의 답은 특권과 책임 둘 다 포함한다. 이 장에서는 책임에 좀 더 초점을 맞췄지만 헤아릴 수 없는 성도의 특권을 생각해 보라. 우리는 사탄의 권세에서 해방되었고 흑암의 권세에서 해방되었으며, 사탄이 어둡게 했던 우리의 마음이 열려 복음을 깨닫고 믿을 수 있게 되었다. 이 모두가 성령께서 그리스도의 소유가 되도록 우리를 구별하심으로써 하신 일이다.

나는 성도다. 나는 나의 것이 아니라 하나님의 것이다.
하나님이 나를 값 주고 사셨고 거룩하다고 선언하셨으며
자신을 위해 구별하셨다.
그러므로 하나님은 내가 영적으로 점점 성숙하도록 늘 일하시며,
이 과정에서 내게 모든 면에서
그분의 자비에 감사함으로 협력하라고 하신다.

우리는 모두 예수 그리스도의 종이다.
우리는 모두 하나님께 거룩한 부르심(소명)을 받았다.
곧 특정 역할이나 역할들로 다른 사람들을 섬기라는 부르심을 받았다.
우리는 하나님이 우리의 부르심 안에서 특정 영역이나 전문 영역을 감당하도록
우리를 구별하셨음을 마침내 인지할 것이다

7
나는 그리스도의 종이다

바울은 로마서에서 자신을 이렇게 소개한다. "예수 그리스도의 종 바울은 사도로 부르심을 받아 하나님의 복음을 위하여 택정함을 입었으니"(롬 1:1). 이 장에서는 세 부분으로 구성된 바울의 자기소개를 중심으로 다음 내용을 살펴보겠다.

- 우리는 모두 예수 그리스도의 종이다.
- 우리는 모두 하나님께 거룩한 부르심(소명), 곧 특정 역할이나 역할들로 다른 사람들을 섬기라는 부르심을 받았다.
- 우리는 하나님이 우리의 부르심 안에서 특정 영역이나 전문 영역을 감당하도록 우리를 구별하셨음을 마침내 인지할 것이다.

종이다

바울이 로마서 1장 1절에서 사용한 '종'(servant)이라는 단어는 문자적으로 '노예'(slave)를 가리킨다. 우리는 보통 노예 제도를 미국에서 시행했던 방식으로 생각하지만, 로마 문화에서 노예 제도는 그렇게 혹독하거나 모욕적이지 않았다. 그러므로 우리의 이해를 위해서는 '종'(servant)이 전체적으로 더 나은 번역이라고 할 수 있다.

그러나 한 가지 기억해야 한다. 비록 로마 시대의 노예들이 값을 지불하고 자유를 살 수 있었고 많은 노예가 그렇게 했다고 해도, 그들은 노예로 사는 동안 실제로 주인의 소유였다. 이런 의미에서 그들은 그리스도 예수의 소유인 우리와 비슷한 처지였다.

바울은 자신을 소개하면서 그리스도의 종이라고 부른다. 그렇다면 우리는 바울의 말이 무슨 뜻인지 자신에게 물어야 한다. 답은, 바울이 자신의 부르심이라는 맥락에서 다른 사람들을 섬기면서 그리스도를 섬겼다는 것이다.

바울이 사역을 통해 다른 사람들을 섬기면서 참으로 그리스도를 섬기고 있었다고 상상하기란 어렵지 않다. 그러나 우리 가운데 직접 복음 사역을 하며 생계를 꾸리지 않는 대다수는 어떤가? 그리스도인 배관공이 일을 하면서 "나는 그리스도의 종이다."라고 말할 수 있는가? 컴퓨터 프로그래머나 요리사나 회계원이 이렇게 말할 수 있는가? 바울은 골로새서 3장 22-24절에서 종들, 곧 노예들에게 다음과 같이 말하면서 이 모든 질문에 답한다.

> 종들아 모든 일에 육신의 상전들에게 순종하되 사람을 기쁘게 하는 자와 같이 눈가림만 하지 말고 오직 주를 두려워하여 성실한 마음으로 하라 무슨 일을 하든지 마음을 다하여 주께 하듯 하고 사람에게 하듯 하지 말라 이는 기업의 상을 주께 받을 줄 아나니 너희는 주 그리스도를 섬기느니라.

주님에 관한 세 언급에 주목하라. 종들은 주님을 두려워하며 성실하게 일해야 한다. 종들은 주님께 하듯 마음을 다해 일해야 한다. 뒤이어 바울은 "너희는 주 그리스도를 섬기느니라."라고 말한다. 종들은 주인을 섬김으로써 그리스도를 섬겨야 한다.

직업과 관련해 그 어떤 합당한 것을 추구하더라도 바로 이런 방법으로 해야 한다. 하나님의 부르심을 감당하려는 사람이라면 누구라도 사도 바울이 그러했듯이 자신을 뼛속까지 그리스도 예수의 종으로 보아야 한다.

안타깝게도, 내가 보기에 자신의 직업이나 일을 이렇게 보는 그리스도인이 아주 드물다. 이들은 자기 일에 양심적이고 최선을 다하는지는 몰라도, 정작 자신을 그리스도의 종으로 보지 않는다. 직관적으로 기독교와 관련된 일에 종사하는 사람들만 그리스도를 섬 긴다고 생각한다.

나도 젊은 해군 장교로 복무할 때 나의 삶을 이렇게 보았다. 나중에 제조업 분야에서 일할 때도 마찬가지였다. 그 일에 최선을 다하려고 노력했지만, 내가 국가를 섬기거나 회사 고객을 섬김으로써 그리스도를 섬긴다고 생각하지 않았다. 사실 나는 산업 분야에서 일할 때 네비게이토 선교회의 사역에 자원하였는데, 이런 사역에 참여할 때에야 나 자신이 주님을 섬기고 있다고 생각했다.

"나는 누구인가?"라는 질문에 여러 답을 제시하는 이 책의 목적은 우리의 진정한 정체성을 오직 그리스도 안에서, 그분과 갖는 다양한 모든 관계에서 찾아야 함을 깨닫도록 돕는 것이다. 모든 신자가 성도이듯 모든 신자는 바울처럼 예수 그리스도의 종이다. 여기에는 많은 사람이 일주일에 40시간에서 60시간씩 일하는 분야에서의 우리의 정체성이 포함되는 것이 분명하다.

세속적인 일터에서 그리스도를 섬긴다는 것은 어떤 모습인가? 이 질문에 답하는 일화 중에 내가 아주 좋아하는 일화가 있다. 은퇴한 자동차 판매원의 이야기다.

그는 성인이 된 후 인생의 대부분을 자동차를 팔며 보냈다. 이 일을 하던 어느 시점에, 그는 그리스도를 구주로 영접했다. 그는 내게 이렇게 말했다. "그리스도인이 되기 전에는 자동차를 팔았습니다. 그런데 그리스도인이 된 후에는 사람들이 자동차를 사는 것을 돕습니다."

이 사람은 내게 말하고 있었다. 그리스도인이 되기 전, 그는 잠재 고객의 바람과 필요에 관심이 없었고 오로지 자동차를 팔아 받을 수수료에만 관심이 있었다. 당연히 더 비싼 차를 팔려고 애썼다. 수수료가 더 많았기 때문이다. 그러나 그리스도인이 된 후, 그의 주 관심사는 잠재 고객이 각자의 필요와 예산에 가장 적합한 자동차를 찾도록 돕는 것이었다. 그는 사람들을 섬김으로써 그리스도를 섬기는 법을 배웠다.

나는 이 실화를 아주 좋아한다. 이 이야기는 우리가 사람들을 섬김으로써 그리스도를 섬길 수 있음을, 심지어 비즈니스 분야에서도 그럴 수 있음을 아름답게 보여주기 때문이다.

직업 특성상 직장 밖의 사람들과 접촉할 일이 없는 사람들은 어떤가? 예를 들어, 자신의 회사가 생산하는 상품이나 제공하는 서비스의 혜택을 받는 그 누구도 접촉할 일이 없는 많은 사무직 노동자를 생각해 보라. 이들이 어떻게 사람들을 섬김으로써 그리스도를 섬길 수 있는가?

하나님이 자신의 노력에 복을 주실 것이며 회사에 유익을 끼치는 자신의 일을 기뻐하시리라고 믿고 지속적으로 일을 잘해 나갈 때, 이들은 회사 고객을 섬김으로써 궁극적으로 그리스도를 섬긴다.

이러한 모든 방식으로, 우리가 다른 사람들을 섬김으로써 그리스도께서 섬김을 받으신다.

우리는 사람들을 섬김으로써 그리스도를 섬긴다. 우리는 고용주를 섬기거나 소비자를 섬기거나 고객을 섬기거나 심지어 직장 동료를 섬길 수 있다. 우리가 어떤 사람을 섬길 기회가 있든지, 우리의 일이나 직업이 무엇이든지 간에, 자신을 먼저 그리스도의 종으로 보고 뒤이어 자신이 몸담은 직장이나 일터의 구성원으로 보아야 한다.

"나는 그리스도의 종이다."를 당신의 정체성을 이루는 한 부분으로 삼았다면 이번 주말에 "야, 금요일이다!"라고 말하는 대신 "이번 주에 사람들을 섬김으로써 그리스도를 섬기는 특권을 누렸어!"라고 말할 수 있다.

그리스도인으로서 우리는 단순히 고용인이 아니라 실제로 그리스도의 종이다. 단순히 배우자나 자녀나 은퇴자가 아니라 실제로 그리스도의 종이다. 우리 모두의 마음에 다음과 같은 진정한 명함이 있어야 한다.

예수 그리스도의 종

○○○ (나의 이름)

부르심을 받았다

바울이 자신을 소개하면서 사용하는 두 번째 표현은 "부르심을 받았다."라는 것이다. 이 경우, 바울은 사도로 부르심을 받았다. '부르심을 받다.'(called)라는 동사는 수동태인데, 부르신 누군가가 있다는 뜻이다. 그 누군가는 하나님이 분명하며, 따라서 바울은 하나님이 자신을 사도로 부르셨다고 말하고 있다.

바울은 로마서 1장 1절에서 자신을 로마 노예에 비유하는데, 로마 노예들은 주인의 집에서 늘 일이 있었다. 그 일은 사소한 업무부터 중요한 책임까지 다양했다.

바울은 자신을 그리스도 예수의 종으로 소개할 때 자신의 부르심, 곧 자신에게 맡겨진 구체적인 일이나 역할을 염두에 둔다. 우리가 이것을 아는 것은 바울이 자신을 표현할 때 하나님이 불러 사신 자로서 자신이 수행하는 직무와 역할에 비추어 표현하기 때문이다.

오늘날 전임 사역자들도 자신이 사역에 부르심을 받았다고 말한다. 교회에서 일하든 선교지에서 일하든 선교 단체에서 일하든, 사역자는 하나님이 자신을 그 자리로 부르셨다는 강한 확신이 있어야 한다. 예를 들어, 나는 하나님이 나에게 네비게이토 선교회에서 섬기라고 언제 어떻게 부르셨는지 말할 수 있다.

물론, 오늘의 사역자들은 우리가 바울과 (맛디아를 포함해) 열두 제자들처럼 사도로 부르심을 받은 것은 아니라는 것을 안다. 그들의 부르심은 유일무이했다. 하나님은 이들을 신약 교회 설립자로 부르셨고, 직접 또는 간접적으로 신약성경의 저자로 부르셨다. 오늘날의 그 누구도 이들이 가졌던 권위를 갖지 않으며 이들이 받았던 신적 인도를 받지 않는다. 그렇더라도 더 제한된 의미에서, 하나님은 사역자들을 그들이 섬기는 자리로 합당하게, 실제로 부르셨다.

우리는 또다시 물어야 한다. "하지만 우리 가운데 전임 사역자가 아닌 사람들은 어떠한가?" 하나님이 우리를 특정 역할로 부르셨다고 말할 수 있는가? 예를 들면, 그리스도인 의사는 "내가 이 일을 하는 것은 하나님이 나를 이곳으로 부르셨기 때문이다."라고 말할 수 있는가? 나는 "그렇다."가 이 질문의 답이라고 믿는다. 세 가지 본질적인 이유가 있어서다. 사역자가 아닌 그리스도인이 하나님이 자신을 현재의 역할로 부르셨다고 주장할 수 없다면,

1. 하나님이 에덴동산에서 일을 명하실 때 사역과 무관한 직업들에 부여하신 고유한 존엄을 빼앗는 것이다.
2. 하나님 나라에서 거대한 이등 시민 그룹을 만드는 것이다. 성경은 영원에서 모든 신자가 같은 수준의 상을 받지는 않을 거라고 가르친다. 그러나 이러한 차이는 우리가 섬기도록 부르

심을 받은 역할에 기초하는 것이 아니다. 우리가 부르심을 받은 그 위치에서 어떻게 섬기느냐에 기초한다(예를 들면, 계 22:12, 고전 3:14-15).

3. 하나님의 섭리 개념, 곧 우리를 특정 직업으로 이끄는 듯한 사건과 환경을 하나님이 이끌고 조율하신다는 개념이 근본적으로 약화된다. 예를 들면, 누군가를 목사가 아니라 버스 기사로 부르신 것은 하나님의 완전한 지혜와 지식과 능력이 다소 낮게 표현된 것임을 암시한다. 사실은 그렇지 않다.

그와 동시에, 우리는 부르심의 의미에서 일반적인 차이를 적어도 하나 확인할 수 있다. 하나님은 우리를 사역과 무관한 직업으로 부르실 때 전형적으로 섭리적 인도를 통해 부르시는데, 이 인도를 통해 관심사와 장점과 기회를 하나로 모아 문을 여신다. 그 문으로 들어가느냐는 무엇보다도 지혜로운 판단의 문제다.

그러나 하나님이 우리를 교회 사역이나 선교 단체 사역으로 부르실 때는 그분의 뜻을 깨닫는 과정에서 주관적 요소가 더 분명하게 드러날 때가 많다. 어떤 성경 구절이 눈에 확 들어올 수도 있고, 마음속 생각에서 세미한 소리가 들릴 수도 있으며, 하나님이 자신을 부르고 계신다는 확신이 점점 더 커질 수도 있다. 그러나 이런 부르심이 찾아올 때, 주관적으로 평가하고 반응해야 한다.

시편 139편 16절에서 다윗은 이렇게 말했다.

나를 위하여 정한 날이 하루도 되기 전에 주의 책에 다 기록이 되었나이다.

그의 말은 이것이다. "내가 태어나기도 전에 하나님은 나를 향한 계획이 있으셨으며, 그 계획을 매일매일 나의 삶을 통해 실행하실 것이다." 다윗에게 적용되었던 이 사실이 우리 모두에게도 적용된다. 하나님은 어떤 사람들을 자동차 정비사로, 어떤 사람들을 교사로, 어떤 사람들을 선교사로 명하셨으며, 우리 삶의 환경과 사건들을 잘 정돈해 마침내 우리가 우리를 향한 그분의 부르심에 이르게 하실 것이다.

그러므로 나는 모든 그리스도인이 이렇게 말할 특권을 가져야 한다고 믿는다. "하나님이 이 특별한 일로 나를 부르셨습니다. 내가 여기 있는 것은 사람들을 섬김으로써 예수 그리스도를 섬기기 위해서입니다." 이것은 지역 초등학교 수위나 세계적으로 명성이 자자한 심장외과 의사나 세계의 오지에서 일하는 선교 개척자에게 똑같이 적용되어야 한다.

이런 생각은 그것이 무엇이든 우리가 하는 일에 존엄성을 부여할 수 있고 또 부여해야 한다. 최선을 다해 우리의 일을 하도록 우리에게 동기를 부여할 수 있고 부여해야 하며, 일이 힘들거나 보상이 없을 때라도 계속할 인내심을 줄 수 있고 주어야 한다.

마지막으로, 부르심에는 그리스도의 몸을 이루는 모든 그리스도인의 섬김이 있다. 베드로전서 4장 10절은 이렇게 말한다.

> 각각 은사를 받은 대로 하나님의 여러 가지 은혜를 맡은 선한 청지기같이 서로 봉사하라.

문맥에서 보면, 베드로는 우리에게 모든 신자는 지역 교회나 다른 사역들을 섬기는 데 사용할 수 있는 영적 은사가 있다고 말한다. 우리는 이것을 몸에서 해야 하는 기능이나 역할로 생각할 수 있다. 그리스도께서 우리 삶의 모든 부분을 값 주고 사셨기 때문에, 우리는 더 큰 사회에서 살아가는 삶뿐 아니라 그리스도의 몸에서 살아가는 삶에서도 분명히 그분의 것이다. 하나님이 이 모든 영역에서 우리의 삶을 다스리신다.

우리 각자가 몸 안에서 사용할 영적 은사를 가지고 있다는 생각은 복음주의 그리스도인들이 널리 받아들이지만 자주 강조되지는 않는다. 그 결과, 우리 가운데는 '소비자 그리스도인'이 많다. 이들은 주일에 교회 출석만 할 뿐 다른 활동에 참여하지 않기 때문에, 삶의 영적 부분에서 솔직하게 자신을 '그리스도 예수의 종'으로 정의할 수 없는 사람들이다. 이 주제를 자세히 다루는 것은 이 책의 범위를 벗어난다. 다만, 일상의 일터에서의 그리스도를 섬김과 우리의 부르심에 관해 앞에서 말했던 모든 것이, 그리스도의 몸 안에서 우리의 영적 은사를 사용하는 데 원칙적으로 적용된다는 말로 충분할 것이다.

자신의 영적 은사를 알려면 대개 가르침, 행정, 환대, 구제와 같은 다양한 역할을 시도해 보는 과정이 필요하다. 그러나 분명히 모든 그리스도인은, 믿음이 어리거나 갓 믿은 사람들과 같은 예외를 제외하고는 이렇게 말할 수 있는 특권을 가져야 한다. "나는 나의 영적 은사를 알며, 하나님의 은혜로 그 은사를 사용할 수 있습니다."

택정함을 입었다

바울이 자신을 소개하며 사용하는 세 번째 표현은 "하나님의 복음을 위하여 택정함을 입었으니"(롬 1:1)라는 것이다. 바울은 이 '택정함을 입었다.'(set apart, 구별되었다)라는 표현을 단순히 '사도'라는 단어를 설명하려고 사용했을 수도 있다. 그리고 이럴 경우, 이 표현은 모든 사도에게 적용된다. 아니면, 바울은 하나님이 사도인 그에게 맡기신 특별 사역을 강조하려고 사용했을 수도 있다.

나는 후자였다고 생각하며, 그 이유는 이렇다. 바울은 그리스도의 직접 계시로 복음을 알게 되었고(갈 1:11-16), 로마서에서 하듯이 이 복음을 명료하게 설명하는 일을 맡았다. 오늘 우리가 복음에 관해 믿는 내용과 그리스도 안에서 우리의 정체성에 관해 아는 내용은 대부분 사도 바울의 펜에서 비롯되었다. 따라서 바울은 사도로서 자신의 역할을 복음을 선포하고 설명하며 변호하는 역할로 보았으며, 이 특별한 목적을 위해 '택정함을 입었다.'라고 생각한 것 같다.

이것이 오늘 우리와 무슨 상관이 있는가? 바로 이것이다. 어느 날 당신은 흔히 생각하는 부르심의 범주를 넘어서는 특별한 일이나 역할을 위해 하나님이 당신을 구별하셨음을 발견할지도 모른다.

나는 1955년에 훈련생으로 네비게이토 선교회 간사가 되었다. 나는 한두 해 후면 해외 선교사로 파송되리라고 생각했다. 그런데 1년 후, 행정 간사가 되라는 요청을 받았다. 그 후 나는 38년 동안 다양한 행정 업무를 맡아 섬겼다. 따라서 나는 네비게이토 선교회 간사로 부르심을 받았고 행정을 위해 구별되었다고 말할 수 있다. 그 38년 중 마지막 15년 동안은 가르치는 사역에 점점 많은 시간을 썼고, 그 사역은 1994년에 책을 쓰는 일과 교육으로 완전히 넘어갈 때까지 계속되었다. 지금은 내가 네비게이토 안에서 성경 교사로 특별히 구별되었다고 말하고 싶다.

내 친구의 경우, 하나님은 그를 보험업계로 부르셨고 그 친구는 마침내 회사의 최고 경영자가 되었다. 그는 네비게이토뿐 아니라 여러 기독교 단체의 보험 중개인이었다.

몇 년 전, 그가 각 단체의 보험 업무 담당자를 한데 불러 대기업 방식대로 우리만의 '자체' 보험사를 세우자고 했다. 우리는 법률 및 재정 문제와 관련해 그와 그가 속한 회사의 도움을 받아 실제로 보험사를 설립했다.

새 보험사가 운영되고 처음 10년 동안, 네비게이토는 100만 달러가 넘는 재정을 절약했으며, 이 보험사가 섬기는 다른 단체들도 비슷한 결과를 얻었다. 이 개념이 너무나 성공적이어서 적지 않은 기독교 단체와 교회가 이와 같은 보험사를 또 세웠다.

그 친구는 여러 해 전 은퇴했고, 보험사의 모든 회원 단체가 그를 위해 만찬을 열었다. 나는 더 이상 직접적인 관계자가 아니었지만 짧은 감사 인사를 해 달라는 요청을 받았다. 그래서 로마서 1장 1절을 중심으로 이야기를 풀어냈다.

나는 이 친구가 하나님이 보험업계로 부르신 그리스도의 종이며, 적절한 때에 하나님이 그를 구별해 기독교 단체들에 전속 보험사 개념을 알리는 선구자가 되게 하셨다고 했다. 이 모든 것은 오래전에 그가 보험사 경영자 시절에 보험 문제로 찾아온 회사들을 섬김으로써 그리스도를 섬기려 했을 때 시작되었다.

어느 날 당신도 하나님이 더 특별한 목적을 위해 당신을 구별하셨음을 발견하게 되는지 모른다. 어쩌면 이미 발견했을 것이다. 이것을 당신이 하나님에게서 받은 부르심의 일부로 볼 뿐 아니라, 당신이 다른 사람들을 섬김으로써 그리스도를 섬기는 특별한 표현으로 보길 바란다.

우리 자신을 '노예'가 아니라 '종'이라고 하는 이유를 하나 더 말하며 이 장을 마무리하겠다. 구약 시대에 모세, 여호수아, 다윗 같은 백성의 지도자들은 '여호와의 종'이라고 불렸다(수 14:7, 24:29, 시 89:3). '여호와의 종'은 영예로운 칭호였으며, 오늘 우리도 같은 방식으로 이 칭호를 존중해야 한다.

그러므로 '종'은 우리의 정체성을 이루는 본질적 부분, 곧 우리가 그리스도 예수 안에서 누구인지와 관련된 본질적인 부분이다. 우리는 만주의 주시요 만왕의 왕이신 분의 종이다(계 17:14).

> 나는 예수 그리스도의 종이다.
> 하나님의 은혜로, 특정 역할이나 역할들로
> 다른 사람들을 섬김으로써 그분을 섬긴다.
> 예수 그리스도께서 그분의 섭리하시는 지혜로
> 나를 이 특별한 역할이나 역할들로 부르셨다.

우리가 그리스도 안에서 누군지 갈수록 깊이 깨달으려면
우리가 아직 완전하지 않다는 사실을 받아들이고
죄가 여전히 우리 안에 남아 있어 고개를 쳐든다는 사실을 받아들여야 한다.
우리가 이 사실을 반드시 받아들여야 하는 이유는
우리의 자존감을 높여 줄 무언가를 여전히 우리에게서 찾으려 애쓴다면
우리는 정체성을 찾기 위해 그리스도를 바라볼 수 없기 때문이다.
우리가 그리스도 안에서 누구인지와 관련해 놀라운 사실을 더 깊이 깨달으려면
우리가 하나님께 받아들여질 수 있게 하는 그 무엇을
우리 안에서 찾겠다는 그 어떤 기대라도 버려야 한다.

8
나는 아직 완전하지 않다

그리스도 안에서 우리의 참 정체성을 깨달으려 할 때 붙잡고 씨름해야 할 진리가 하나 더 있다. 그리스도 안에 있는 우리와 일상에서 보는 우리 사이에서 분명한 긴장이 존재한다는 것이다.

사도 바울은 그리스도를 더 알고 더 닮길 원한다는 맥락에서 다음과 같이 말했다.

> 내가 이미 얻었다 함도 아니요 온전히 이루었다 함도 아니라 오직 내가 그리스도 예수께 잡힌 바 된 그것을 잡으려고 달려가노라(빌 3:12).

분명 우리는 모두 자신을 바울과 동일시하며 "나는 아직 완전하지 않습니다."라고 말할 수 있을 것이다.

끝나지 않은 삶의 긴장

우리는 오순절의 성령 강림과 예수님의 재림 사이의 시대, 곧 신학자들이 "이미 그러나 아직"이라고 표현하는 시대에 살고 있다. 따라서 그리스도 안에서 갖는 정체성을 통해 이미 존재하는 우리 자신과 일상에서 보는 우리 자신 사이에 긴장이 존재한다.

- 우리는 그리스도 안에서 하나님 앞에 완전히 의롭게 서 있지만, 일상에서는 남아 있는 죄를 많이 본다.
- 우리는 그리스도 안에서 하나님의 양자이지만, 일상에서는 때로 고아처럼 느껴진다.
- 우리는 그리스도 안에서 새로운 피조물이지만, 항상 '옛것이 지나갔다.'라고 보이지는 않는다.

우리가 그리스도 안에서 누구인지 더 깊이 깨달으려면, 일상에서 나타나는 우리와 그리스도 안에 있는 우리가 다른 데서 오는 긴장을 안고 사는 법을 배워야 한다.

바울은 이 긴장을 오히려 크게 기뻐했던 것으로 보인다. 그가 자신의 여전한 불완전함을 기뻐했다는 것이 아니다. 바울은 자기 자신과 그리스도 안에 있는 자신의 대비를 기뻐했다.

그는 자신의 여전한 불완전함이 하나님의 은혜를 더 크게 보이게 하는 것을 보았다. 고린도전서 15장 9-10절을 풀어쓰자면, 이렇게 말한 것이다. "나는 사도가 될 자격이 없지만 하나님의 은혜로 사도가 되었습니다."

바울은 에베소서에서는 이렇게 썼다.

> 모든 성도 중에 지극히 작은 자보다 더 작은 나에게 이 은혜를 주신 것은 측량할 수 없는 그리스도의 풍성함을 이방인에게 전하게 하시고(엡 3:8).

그리고 그는 마침내 삶이 끝나 갈 무렵 이렇게 말할 수 있었다.

> 그리스도 예수께서 죄인을 구원하시려고 세상에 임하셨다 하였도다 죄인 중에 내가 괴수니라(딤전 1:15).

바울은 자신을 사도들 가운데 가장 작은 자로 볼 뿐 아니라 하나님의 모든 백성(성도) 가운데 가장 작은 자로 보았으며, 죄인 중에서 으뜸으로 보았다. 그러나 바울이 자신을 이렇게 본 것은 자신이 자신 안에서 누구인지와 그리스도 안에서 누구인지가 더 극명하게 대비되게 하기 위해서였다.

우리가 그리스도 안에서 누구인지 더 깊이 깨달으려면, 우리 자신이 누구인지를 열린 마음으로 정직하게 보아야 한다. 우리는 아직 완전하지 않으며 여전히 날마다 생각과 말과 행동과 동기로 죄를 짓는다. 사실 어떤 날은 비참하게 죄를 짓는다.

우리는 자기 내면을 들여다보면서 자신을 좋게 느낄 이유를 찾으려고 애쓰는 경향이 있다. 물론 이것은 핵심을 완전히 놓치는 짓이다. 성과를 지향하는 것은 죄악된 우리의 본성이다. 영국식 표현을 빌리자면, 우리는 실업 급여 받는 것을 원치 않는다. 다시 말해, 우리는 하나님 앞에서 자선의 대상이길 원치 않는다. 우리는 자신의 성취를 토대로 자신만의 힘으로 자존감을 세우려 한다.

이 책 '들어가는 글'에서, 결혼 생활이 파탄에 이른 한 여성이 친구에게 "난 실패자일 뿐이야!"라고 말했다는 이야기를 했었다. 그러나 그 친구가 이 여성에게 다정하게 "아니야, 넌 실패자가 아니야."라고 대답했다는 말은 덧붙이지 않았다. 나는 이 이야기에서 그 부분을 들었을 때 멈칫하며 생각했다. '아, 그렇게 말하지 않았으면 좋았을 텐데.'

그 친구는 그 여성의 자존감을 세워 주려고 애쓰고 있었다. 그러나 이것은 언제나 헛수고일 뿐이며 잘못된 동정심을 보이는 것이다. 당신은 사실을 부정할 수 없다. 이 여성이 결혼 생활에 실패한 것은 엄연한 사실이다. 그러나 또 다른 사실, 더 중요한 사실이 있다. 이 여성은 신자이며, 따라서 그녀가 그리스도 안에 있는 자로서 하나님 앞에 거룩하고 흠 없이 서 있다는 것이다(엡 1:4). 이런 이유로, 나는 그 친구가 이렇게 말했다면 좋았겠다는 생각이 든다. "네 말이 맞아. 너는 실패자고 나도 실패자야. 그러나 바로 이것 때문에 예수님이 오셨어. 그분은 너와 나 같은 실패자를 위해 죽으러 오셨어. 예수님 때문에, 우리의 실패가 더는 우리가 누구인지를 정의하지 않아."

우리가 그리스도 안에서 누구인지 점점 더 깊이 깨달으려면 늘 복음을 우리 앞에 두어야 한다. 내가 1980년대에 들은 표현을 사용하자면, "우리는 날마다 자신에게 복음을 전해야 한다." 하나님이 죄인들을 용서하고 반기신다는 것을 믿어야 한다. 청교도 토머스 윌콕스(Thomas Wilcox)가 말했듯이, "성경 어디에도 자기 의가 벗겨진 가련한 죄인을 꾸짖는 말은 한마디도 없다."

품에 안긴 죄인들

어느 가정에 '벽장 속 해골'이 있다는 말은, 이들에게 평판이 특히 좋지 않은 조상들이 있다는 뜻일 수 있다. 이 표현이 암시하듯이, 가족은 대개 이것을 숨기려 한다. 예수님도 세상에 계실 때 벽장 속 해골이 있었다. 그러나 아주 흥미롭게도, 성경은 이 부분을 숨기기보다 유별나게 애써 강조한다.

마태복음 1장 1-16절에 나오는 예수님의 족보를 보라. 우선, 네 여자가 언급된다. 유별나다. 성경의 족보에 여자는 대개 포함되지 않았기 때문이다. 더욱이, 네 여자 모두 아주 부도덕한 이력이 있었다.

- 마태복음 1장 3절: 다말은 유다의 며느리였는데 창녀로 변장해 유다와 근친상간을 저질렀다.
- 마태복음 1장 5절: 라합은 분명히 창녀였다. 히브리서 11장 31절을 보라.
- 마태복음 1장 5절: 룻은 정숙한 여자였으나 모압 사람이었다. 모압 족속은 만취한 롯과 그의 딸 중 하나 사이에 일어난 근친상간에서 비롯되었다. 나중에 이스라엘이 광야에 있을 때, 모압 여자들은 이스라엘 남자들과 부도덕한 짓을 저질렀다.
- 마태복음 1장 6절: 밧세바는 다윗과 간음했다.

예수님의 족보에 나오는 남자들 가운데 셋도 그렇게 선해 보이지 않는다.

- 누가복음 1장 33절: 야곱은 사기꾼이었으나 천사가 마리아에게 "(예수가) 영원히 야곱의 집을 왕으로 다스리실 것이며"라고 했다.
- 요한계시록 5장 5절: 유다는 부도덕한 남자였으나 예수님은 "유대 지파의 사자"라고 불리신다.
- 누가복음 1장 32절: 다윗은 밧세바와 간음했고 그녀의 남편을 죽음으로 내몰았으나 천사 가브리엘은 "주 하나님께서 그 조상 다윗의 왕위를 그(예수)에게 주시리니"라고 했다.

이처럼 예수님의 족보에는 벽장 속 해골이 많았다. 마태는 성령의 거룩한 인도를 따라 쓰면서 이것들을 주저 없이 언급한다. 사실, 마태는 힘껏 그렇게 하는 것처럼 보인다. 무슨 일이 벌어지고 있는 건가? 성령께서 이러한 벽장 속 해골을 통해 우리에게 무엇을 말씀하고 계시는가?

예수님은 죄인들과 하나가 되셨고 죄인들을 이해하셨다. 예수님은 그분의 족보에서 죄인들과 하나가 되셨다. 예수님은 이 땅에서 사는 동안 세리들 및 죄인들과 하나가 되셨다(막 2:15). 예수님은 그분의 죽음에서 강도와 하나가 되셨고 그에게 이렇게 말씀하셨다. "내가 진실로 네게 이르노니 오늘 네가 나와 함께 낙원에 있으리라"(눅 23:43).

그렇다. 예수님은 죄인들과 하나가 되셨고, 이것은 우리에게 좋은 소식이다. 우리는 여전히 죄인이기 때문이다.

다시 말해, 우리는 분명히 구원받은 죄인이지만, 그렇더라도 매일의 삶에서 여전히 죄인이다. 예수님은 우리의 죄에도 불구하고 우리를 사랑하시며, 아버지 오른편에 앉아 우리를 위해 중보하신다(롬 8:34).

은혜가 성과를 이긴다

이 장에서, 어떻게 좋은 날과 나쁜 날이 우리 모두에게 있는지 세 차례 언급했다. 핵심은 한 번 더 짚고 넘어갈 가치가 충분하다. 우리가 매일 죄와 싸우다 보면 자신의 성과를 토대로 자신이 하나님 앞에서 받아들여질지 끊임없이 가늠하도록 내몰리기 때문이다.

어느 좋은 날, 우리는 알람이 울리자마자 침대에서 나와 상쾌하게 경건의 시간을 갖는다. 하루 일정은 대체로 바른 방향으로 흘러가고 우리는 심각한 죄 문제와 마주하지 않는다. 나쁜 날은 이와 정반대다. 우리는 늦잠을 자고 경건의 시간을 빼먹었으며 힘겨운 하루를 보낸다. 온종일 죄악된 생각들(분노, 질투, 좌절, 정욕 등)과 싸운다. 당신은 두 날 중 어느 날에 하나님의 복이나 기도 응답을 더 기대하겠는가? 이 질문에 대한 당신의 대답에서, 당신이 행위로 살고 있는지 아니면 복음으로 살고 있는지가 드러난다.

우리는 기본적으로 자신의 행위로 살아간다. 나는 20여 년 전에 어느 대학생 모임에서 좋은 날과 나쁜 날의 시나리오에 관해서 말했는데, 그 말은 지금도 유효하다. 그것을 다시 한 번 말하겠다. "당신의 가장 나쁜 날들은 절대로 하나님의 은혜가 당신에게 닿지 않을 만큼 나쁘지는 않다. 또 당신의 가장 좋은 날들은 절대로 하나님의 은혜가 당신에게 필요 없을 만큼 좋지는 않다."

우리가 살아가는 하루하루는 오직 하나님의 은혜에 기초해서 그분과 연결되는 날이어야 한다. 우리의 매일은 아직 완전하지 않기 때문이다. 어느 날 우리는 완전해질 것이다. 어느 날 우리 각자는 가서 주님과 함께할 것이며(주님이 그 전에 다시 오지 않으신다면), 그때 우리는 "온전하게 된 의인의 영"(히 12:23)들과 함께할 것이다. 우리는 기대와 소망을 품고 그날을 기다린다. 그때까지는, 그리스도와 연합되었기에 죄의 지배에 대하여 죽었음에도 우리는 여전히 우리 안에 남아 활동하는 죄와 싸운다.

그러므로 우리가 그리스도 안에서 누군지 갈수록 깊이 깨달으려면, 우리가 아직 완전하지 않다는 사실을 받아들이고 죄가 여전히 우리 안에 남아 있어 고개를 쳐들고 활동한다는 사실을 받아들여야 한다. 우리가 이 사실을 반드시 받아들여야 하는 이유는, 우리의 자존감을 높여 줄 무언가를 여전히 우리에게서 찾으려 애쓴다면 우리는 정체성을 찾기 위해 그리스도를 바라볼 수 없기 때문이다. 우리가 그리스도 안에서 누구인지와 관련해 놀라운 사실을 점점 더 깊이 깨달으려면 우리가 하나님께 받아들여질 수 있게 하는 그 무엇을 우리 안에서 찾겠다는 그 어떤 기대라도 버려야 한다.

이것은 우리가 점점 거룩해지길 갈망해서는 안 된다는 뜻이 아니다. 또 우리의 삶에서 절대로 거룩한 진전을 보지 못하리라는 뜻도 아니다. "난 그런 놈이야."라고 생각하며 남아 있는 죄가 고개를 쳐드는 것을 대수롭지 않게 여겨야 한다는 뜻도 분명 아니다. 신약성경의 모든 도덕 명령은 그리스도인의 성품이 우리 안에서 자라도록 진심으로 노력해야 한다는 것을 암시한다. 몇 가지만 살펴보자.

- 우리는 옛사람을 벗고 새사람을 입어야 한다(엡 4:22-24).
- 우리는 몸의 행실을 죽여야 한다(롬 8:13).
- 우리는 긍휼과 자비와 겸손과 온유와 오래 참음과 사랑 같은 성품을 입어야 한다(골 3:12-14).
- 우리는 우리의 영혼을 거슬러 싸우는 육체의 정욕을 제어해야 한다(벧전 2:11).
- 우리는 그리스도인의 모든 성품에서 자라도록 모든 노력을 다 해야 한다(벧후 1:5-7).

이것들은 신약성경 전체에 흩어져 있는 숱한 도덕 명령 중에서 대표적인 몇 가지에 불과하다. 우리가 거룩하고 그리스도를 닮은 삶을 추구하는 것이 하나님의 뜻이라는 것은 의심할 여지가 없다.

우리는 죄악된 성품을 죽이는 일과 그리스도를 닮은 성품을 입는 일 양쪽 모두에서 영적 성숙을 힘차게 추구해야 한다. 그러나 그렇더라도 절대로 우리의 진보를 통해 하나님께 인정받거나 받아들여질 자격을 획득한다고 생각해서는 안 된다. 우리가 하나님을 기쁘시게 하려 할 때 하나님은 틀림없이 기뻐하신다(골 1:10). 그러나 하나님이 우리를 받아들이심은 전적으로 오직 그리스도께서 그분의 죄 없는 삶과 죄를 짊어진 죽음에서 이루신 일 때문이다.

우리가 하나님을 기쁘시게 하려 할 때 하나님이 기뻐하신다는 생각으로 돌아가 보자. 우리의 노력이 어떻게 하나님을 기쁘시게 하는가? 우리의 행동보다 우리의 동기가 하나님을 기쁘시게 한다.

무의식적으로라도 우리의 동기가 순종으로 하나님의 인정을 획득하려는 것이라면 하나님은 기뻐하지 않으신다. 이런 동기는 그리스도께서 우리를 대신해서 하신 완전한 순종을 실제로 깎아내리기 때문이다. 이것은 그리스도께서 우리를 대신해서 하신 일이 충분하지 못하기에 우리가 나서서 도와야 한다는 것을 암시한다. 하나님이 받으실 만한 동기는 그리스도께서 우리를 위해 이미 완전하게 순종하셨다는 사실을 기뻐하며 감사하는 것이다.

앞장에서 나는 그리스도가 우리 삶의 주인이라는 개념이 급진적이고 포괄적이라고 말했다. '급진적'(radical)이란 단어를 남용할 위험이 있지만, 이렇게 말하고 싶다.

하나님께 순종하는 동기가 하나님의 복을 얻는다는 생각에서가 아니라 감사라는 것은 급진적 개념이다. 이것은 절대다수 신자들이 그리스도 안에 있다는 것과 그분 안에서 자신의 기본 정체성을 찾는다는 것이 무슨 뜻인지 이해하지 못한다는 의미에서 급진적이다. 그들은 우리가 우리의 대표자 그리스도와 연합했기에 그분의 순종이 우리의 순종이 되고 죄로 인한 그분의 죽음이 죄로 인한 우리의 죽음이 된다는 진리를 이해하지 못한다.

결론

이 책을 쓴 목적은 우리의 기본 정체성을 이해하는 데 도움을 주기 위해서였다.

"나는 누구인가?"

이 질문의 답은 우리의 성취나 우리의 실패, 혹은 다른 사람들의 평가에서 찾지 말고 오직 그리스도 안에서 찾아야 한다. 하나님 앞에서 우리의 대표자 그리스도께서 우리가 절대로 살 수 없는 완전한 삶을 사셨고, 우리가 마땅히 죽어야 할 죽음을 맞으셨으며, 이제 하나님 오른편에 앉아 우리를 위해 중보하신다. 그리고 우리를 응원하고 계실 것이다.

어느 옛 청교도가 "당신의 성화를 한 번 볼 때마다 당신의 칭의를 두 번 보라."라고 했다. 나는 이 문장 구조를 가져와 이렇게 말하고 싶다. "일상에서 당신을 한 번 볼 때마다 당신이 그리스도 안에서 누구인지 두 번 보라." 우리 모두 이렇게 할 수 있도록 하나님이 도우시길 바란다.

이생에서
나는 불완전하며 구원받은 죄인이고
언제나 이러할 것이다.
내가 그리스도 안에 있기에 나의 것이 된 하나님의 은혜를 토대로
나는 점점 더 거룩해지려 하고 하나님과 연결된다.

사명선언문

너희가 흠이 없고 순전하여……세상에서 그들 가운데 빛들로
나타내며 생명의 말씀을 밝혀 _ 빌 2:15-16

1. 생명을 담겠습니다
만드는 책에 주님 주신 생명을 담겠습니다.
그 책으로 복음을 선포하겠습니다.

2. 말씀을 밝히겠습니다
생명의 근본은 말씀입니다.
말씀을 밝혀 성도와 교회의 성장을 돕겠습니다.

3. 빛이 되겠습니다
시대와 영혼의 어두움을 밝혀 주님 앞으로 이끄는
빛이 되는 책을 만들겠습니다.

4. 순전히 행하겠습니다
책을 만들고 전하는 일과 경영하는 일에 부끄러움이 없는
정직함으로 행하겠습니다.

5. 끝까지 전파하겠습니다
모든 사람에게, 땅 끝까지, 주님 오시는 그날까지
복음을 전하는 사명을 다하겠습니다.

서점 안내

광화문점 서울시 종로구 새문안로 69 구세군회관 1층
02)737-2288 / 02)737-4623(F)

강남점 서울시 서초구 신반포로 177 반포쇼핑타운 3동 2층
02)595-1211 / 02)595-3549(F)

구로점 서울시 동작구 시흥대로 602, 3층 302호
02)858-8744 / 02)838-0653(F)

노원점 서울시 노원구 동일로 1366 삼봉빌딩 지하 1층
02)938-7979 / 02)3391-6169(F)

일산점 경기도 고양시 일산서구 중앙로 1391 레이크타운 지하 1층
031)916-8787 / 031)916-8788(F)

의정부점 경기도 의정부시 청사로47번길 12 성산타워 3층
031)845-0600 / 031)852-6930(F)

인터넷서점 www.lifebook.co.kr